www.ingramcontent.com/pod-product-compliance
Lightning Source LLC
LaVergne TN
LVHW010552070526
838199LV00063BA/4948

تزکیہ و اصلاحِ نفس

(ماہنامہ 'بینات' کراچی [بانی: علامہ سید محمد یوسف بنوریؒ]
کے شماروں سے ماخوذ مضامین)

مرتبہ:
سید حیدرآبادی

© Monthly 'Bayyinat' Karachi
Tazkiya wo Islaah-e-Nafs (Essays)
by: Syed Hyderabadi
Edition: April '2024
Publisher :
Taemeer Publications LLC (Michigan, USA / Hyderabad, India)

ISBN 978-93-5872-432-5

9 789358 724325

مرتب یا ناشر کی پیشگی اجازت کے بغیر اس کتاب کا کوئی بھی حصہ کسی بھی شکل میں بشمول ویب سائٹ پر اَپ لوڈنگ کے لیے استعمال نہ کیا جائے۔ نیز اس کتاب پر کسی بھی قسم کے تنازع کو نمٹانے کا اختیار صرف حیدرآباد (تلنگانہ) کی عدلیہ کو ہو گا۔

© ماہنامہ 'بینات' کراچی

کتاب	:	تزکیہ و اصلاحِ نفس (مضامین)
مرتب	:	سید حیدرآبادی
بہ تعاون	:	ماہنامہ 'بینات' کراچی
صنف	:	مذہب
ناشر	:	تعمیر پبلی کیشنز (حیدرآباد، انڈیا)
سالِ اشاعت	:	۲۰۲۴ء
صفحات	:	۱۰۴
سرورق ڈیزائن	:	تعمیر ویب ڈیزائن

فہرست

(۱)	دل کا سکون کیسے حاصل کریں؟	محمد یعقوب خاصخیلی	6
(۲)	مادیت کا فتنہ اور اُس کا علاج!	سید محمد یوسف بنوری	9
(۳)	خوفِ خدا اور فکرِ آخرت	ار مغان ارمان	14
(۴)	توبہ کا مفہوم، اقسام و اہمیت اور طریقہ کار	مفتی عارف محمود	22
(۵)	گناہ اور معصیت! مصائب و آفات اور پریشانیوں کا سبب	شفیق الرحمن علوی	42
(۶)	دنیا کے خسارے سے بچنے۔۔۔ کا قرآنی نسخہ	نجیب قاسمی سنبھلی	56
(۷)	میوزک اور گانے۔۔۔ اللہ کی ناراضی کا سبب	عبداللہ بن مسعود	64
(۸)	تصوف! قرآن و سنت کی روشنی میں	ڈاکٹر بشیر احمد رند	69
(۹)	دلِ مردہ 'دل' نہیں، اُسے زندہ کر دو بارہ	عبدالقوی ذکی حسامی	91
(۱۰)	مجاہدہ۔۔۔ تزکیۂ نفس کا ذریعہ	محمد راشد شفیع	97
(۱۱)	اصلاح اور انقلاب کیسے؟!	شیخ عتیق انور	100

دل کا سکون کیسے حاصل کریں؟

محمد یعقوب خاصخیلی

"خبردار! (سن لو) انسان کے جسم میں ایک لوتھڑا ہے، اگر وہ درست ہے تو سارا جسم ٹھیک ہے، اگر وہ خراب ہے تو پورا بدن ناکارہ ہے۔ خبردار، سن لو! وہ دل ہے۔"

انسان کے جسم میں دل کا کردار بہت عظیم ہے۔ قلب، انسانی بدن میں تمام اعضا کا سردار ہے، جسم کے تمام اعضا کا دارومدار اسی پر ہے، اسی لیے حضورؐ نے امت کو دل کے بارے میں ہدایات دیں۔ یہ دل کیا ہے؟ یہ پٹھوں کے مجموعے پر مشتمل ایک ایسا عضو ہے جو انسانی بدن کو مسلسل خون پہنچاتا ہے۔ یہ انسانی تن میں موجود خون کے نظامِ گردش کے درمیان واقع ہے۔ یہ پورا نظام، خون کی رگوں کے ایک جال پر مشتمل ہے۔ خون، دل سے پورے انسانی بدن کے مختلف حصوں سے ہوتا ہوا پھر واپس دل کی طرف لوٹتا ہے۔

اللہ تعالیٰ نے دل کا نظام ایسا رکھا ہے کہ اس میں غور کرتے ہوئے انسان کی عقل حیران رہ جاتی ہے۔ تحقیق کے مطابق دل، ایک دن میں ایک لاکھ مرتبہ سکڑتا اور پھیلتا ہے۔ دل، ہر منٹ میں تقریباً پانچ یا چھ ہزار کوارٹر گیلن خون انسانی بدن کے مختلف اعضا تک پہنچاتا ہے۔ انسان کے جسم میں یہ واحد عضو ہے جس کی حرکت پر انسانی زندگی کی بقا ہے۔ اس کا حجم انسانی مٹھی جتنا ہے، جسے انسان آسانی سے اپنے ہاتھ میں تھام سکتا ہے۔ یہ دل ہی ہے اگر اس کی حفاظت نہ کی جائے تو ظاہری و باطنی امراض میں مبتلا ہو سکتا

ہے۔ ظاہری مرض تب ہوتا ہے، جب دل کی نالی تنگ ہو جاتی ہے، جس کے سبب خون کا بہاؤ کم ہو جاتا ہے، نتیجے کے طور پر سینے میں درد شروع ہو جاتا ہے اور سانس مشکل سے آنے لگتا ہے۔ اس کے نتیجے میں دل کا دورہ پڑ جاتا ہے، جسے انگریزی میں 'ہارٹ اٹیک' کہتے ہیں۔ صرف امریکا میں سالانہ ایک ملین افراد اس مرض کا شکار ہوتے ہیں۔

ظاہری مرض کا علاج ڈاکٹر اور حکیم کرتے ہیں، جن پر انسان ہزاروں روپے پانی کی طرح بہادیتے ہیں۔ دل کے باطنی امراض بھی بہت ہیں، جن میں اکثر انسان مبتلا ہیں، جن کا احساس بھی انسان کو کم ہی ہوتا ہے، جیسے: کینہ، بغض، عداوت، دشمنی، حسد اور تکبر ہے۔ یہ ایسے امراض ہیں جو بغیر توبہ اور اصلاح کے ختم نہیں ہوتے۔ حدیث مبارک سے بھی یہی مراد ہے۔ اس کا علاج بہت ضروری ہے۔ پوری دنیا ان امراض میں مبتلا ہے۔ آج پوری دنیا سکون وراحت کی تلاش میں ماری ماری پھر رہی ہے، آرام وسکون کیسے حاصل ہو گا؟ جبکہ ہم نے اپنے دل کو بغض، عداوت، حسد، کینہ اور تکبر جیسے گناہ سے جو بھر رکھا ہے۔

حضرت ابو ہریرہؓ سے روایت مروی ہے کہ نبی اکرم ﷺ نے فرمایا:- "اِیاکم والحسد فاِن الحسد یأکل الحسنات کما تأکل النار الحطب"۔ " اپنے آپ کو حسد سے بچاؤ! اس لیے کہ حسد نیکیوں کو اس طرح کھا جاتا ہے جس طرح آگ خشک لکڑیوں کو کھاجاتی ہے۔" یہ حسد ہے جو تمام نیکیوں کو برباد کر دیتا ہے، ساری محنت پر پانی پھیر دیتا ہے، جیسا کہ ایک بزرگ نے خوب کہا ہے کہ سب سے پہلی چیز کبر ہے، اس لیے کہ شیطان تکبر کی وجہ سے برائی اور نافرمانی میں مبتلا ہوا۔ دوسری چیز آدمی کا لالچ ہے، کیونکہ آدم m نے لالچ کی وجہ سے پھل کھایا اور جنت سے نکالے گئے۔ تیسری چیز آدمی کا حسد ہے، کیونکہ دنیا میں سب سے پہلا خون حسد کی وجہ سے ہوا۔ قابیل نے ہابیل سے حسد کیا کہ اس کو وہ چیز کیوں مل رہی ہے جو مجھے نہیں مل رہی، اس نے چاہا کہ یہ اس

کو نہ ملے، اسی بات نے اُسے پہلے خون پر آمادہ کیا۔ یہ حسد بنیادی چیز ہے جو بہت سارے برے اعمال، اخلاقی برائیوں اور انسانوں کے ساتھ تعلقات میں اپنا کردار ادا کرتی ہے تو ان سب سے ہمیں بچنا چاہیے۔ دل تو ابتدا ہی سے بالکل خالی پیالے کی طرح تھا، ہم نے خود اس میں لذات کا اضافہ کیا ہے، اللہ تعالیٰ اور اس کے رسول ﷺ کی محبت کی جگہ ہی نہیں رکھی۔

دل کا سکون حاصل کرنے کے لیے ایک ملک سے دوسرے ملک سیر و تفریح کی غرض سے سفر کرتے ہیں۔ آج کا مسلمان، بیہودہ فلموں اور حیاباختہ گانوں میں اپنا سکون تلاش کرتا ہے، اسی کو اپنا مقصدِ حیات بنایا ہوا ہے، حالانکہ اس میں سکون رکھا ہی نہیں۔ سکون اور اطمینان قلب وہاں ڈھونڈنا چاہیے جہاں اللہ تعالیٰ نے رکھا ہے۔ قرآن مجید میں اللہ تبارک و تعالیٰ فرماتے ہیں:

"اَلَا بِذِكْرِ اللّٰهِ تَطْمَئِنُّ الْقُلُوْبُ"۔ (الرعد:۲۸)

"خبر دار! (سن لو) اللہ کے ذکر ہی سے دل سکون و اطمینان پاتے ہیں"۔

آپ دنیا کا جائزہ لیجیے! خدا کی ذات کو یاد کرنے والے کتنے لوگ چین و آرام کی زندگی پاتے ہیں، ان کو کسی قسم کی پریشانی نہیں ہوتی۔ ہر وقت اللہ تعالیٰ کے ذکر اور عبادت میں مصروف رہتے ہیں۔ سکون و اطمینان اللہ کے گھر اور وہاں ہوتا ہے جہاں اللہ اور اس کے رسول ﷺ کی بات کی جاتی ہے۔ اولیاء اللہ کی صحبت میں جاکر اپنی اصلاح کروایئے! تاکہ دل ان مہلک امراض سے خالی ہو جائے۔ یہی ان مہلک امراض باطنی کے ماہر ہیں جو خانقاہوں میں بیٹھے اللہ کے ذکر سے لوگوں کے دلوں کو روشن کرتے ہیں۔ اللہ تعالیٰ ہمارے دلوں کو اپنے ذکر سے منور فرمائے۔ آمین

* * *

مادیت کا فتنہ اور اُس کا علاج!

علامہ سید محمد یوسف بنوری

آج کل دنیا طرح طرح کے فتنوں کی آماجگاہ بنی ہوئی ہے، ان سب فتنوں میں ایک بنیادی اور بڑا فتنہ "پیٹ" کا ہے۔ شکم پروری و تن آسانی زندگی کا اہم ترین مقصد بن کر رہ گیا ہے، ہر شخص کا شوق یہ ہے کہ لقمۂ تر اس کی لذتِ کام ودہن کا ذریعہ بنے اور یہ فتنہ اتنا عالمگیر ہے کہ بہت کم افراد اس سے بچ سکے ہیں، تاجر ہو یا ملازم، اسکول کا ٹیچر ہو یا کالج کا پروفیسر، دینی درس گاہ کا مدرس ہو یا مسجد کا امام اس آفت میں سبھی مبتلا نظر آتے ہیں، ہاں فرقِ مراتب ضرور ہے۔

زہد و قناعت، ورع و تقویٰ اور اخلاص وایثار جیسے اخلاق و فضائل اور ملکات کا نام ونشان نہیں ملتا، اسی کا نتیجہ ہے کہ آج کا پورا عالم ساز و سامان کی فراوانی کے باوجود حرص وآز، طمع ولالچ اور زر طلبی و شکم پروری کی بھٹی میں جل رہا ہے اور کرب واضطراب، بے چینی و بے اطمینانی اور حیرت و پریشانی کا دھواں ہر چہار سمت پھیلا ہوا ہے۔ دراصل اس فتنۂ جہاں سوز کا بنیادی سبب یہی ہے جس کی نشاندہی رحمۃ للعالمین ﷺ نے فرمائی، آخرت کا یقین بے حد کمزور اور آخرت کی نعمتوں اور راحتوں کا تصور قریباً ختم ہو چکا ہے، مادی نعمتیں اور ان کا تصور اس قدر غالب ہے کہ روحانی قدریں مضمحل ہو چکی ہیں۔ یہی وجہ ہے آج انسانوں کی چھوٹائی بڑائی، عزت وذلت اور بلندی و پستی کی پیمائش "اِنَّ اَکرَمَکُم

عِنْدَ اللّٰهِ أَتْقَاكُمْ" کے پیمانے سے نہیں ہوتی، بلکہ "پیٹ اور جیب" کے پیمانے سے ہوتی ہے۔

مادیت کے اس سیلاب میں پہلے ایمان و یقین رخصت ہوا، پھر انسانی اخلاق ملیامیٹ ہوئے، پھر اسوۂ نبوت سے وابستگی کمزور ہو کر اعمال صالحہ کی فضا ختم ہوئی، پھر معاشرت و معاملات کی گاڑی لائن سے اتری، پھر سیاست و تمدن تباہ ہوا اور اَب مادیت کا یہ طوفان انسانیت کو بہیمیت کے گڑھے میں دھکیل رہا ہے۔ افراتفری اور بے اصولی، آوارگی و بے راہ روی اور بے رحمی و شقاوت کا وہ دور دورہ ہے کہ الامان والحفیظ۔ الغرض اس "پیٹ" کے فتنے نے ساری دنیا کی کایا پلٹ کر ڈالی۔ دنیا بھر کے عقلاء "پیٹ" کی فتنہ سامانی کے سامنے بے بس نظر آتے ہیں، وہ اس فتنہ کے ہولناک نتائج کا تدارک بھی کرنا چاہتے ہیں، مگر صد حیف کہ علاج کے لیے ٹھیک وہی چیز تجویز کی جاتی ہے جو خود سبب مرض ہے۔

در حقیقت انبیاءؑ ہی انسانیت کے نباض ہیں اور انہی کا تجویز کردہ علاج اس مریض کے لیے کارگر ہوتا ہے۔ حضرت محمد رسول اللہ ﷺ نے اس ہولناک مرض کی صحیح تشخیص بہت پہلے فرمادی تھی، چنانچہ ارشاد فرمایا:

"واللہ لا الفقر أخشٰی علیکم ولکن أخشٰی علیکم أن تبسط علیکم الدنیا کما بسطت علٰی من کان قبلکم فتنافسوھا کما تنافسوھا فتھلککم کما أھلکتھم۔" (صحیح البخاری)

"بخدا! مجھے تم پر فقر کا اندیشہ قطعاً نہیں، بلکہ اندیشہ یہ ہے کہ تم پر دنیا پھیلائی جائے، جیسا کہ تم سے پہلوں پر پھیلائی گئی، پھر تم پہلوں کی طرح ایک دوسرے سے آگے بڑھ کر اُسے حاصل کرنے کی کوشش کرو، پھر اس نے جیسے ان کو برباد کیا تمہیں بھی برباد کر ڈالے۔"

لیجیے! یہ تھا وہ نقطۂ آغاز جس سے انسانیت کا بگاڑ شروع ہوا، یعنی دنیا کو نفیس اور قیمتی

چیز سمجھنا اور ایک دوسرے سے بڑھ چڑھ کر اس پر جھپٹنا، پھر آپ ﷺ نے تشخیص پر ہی اِکتفا نہیں کیا، بلکہ اس کے لیے ایک جامع نسخۂ شفاء بھی تجویز فرمایا، جس کا ایک جزء اعتقادی ہے اور دوسرا عملی۔ اعتقادی جزء یہ کہ اس حقیقت کو ہر موقع پر مستحضر رکھا جائے کہ اس دنیا میں ہم چند لمحوں کے مہمان ہیں، یہاں کی ہر راحت وآسائش بھی فانی ہے اور ہر تکلیف ومشقت بھی ختم ہونے والی ہے، یہاں کے لذائذ وشہوات آخرت کی بیش بہا نعمتوں اور ابد الآباد کی لازوال راحتوں کے مقابلہ میں کالعدم اور ہیچ ہیں، قرآن کریم اس اعتقاد کے لیے سراپا دعوت ہے اور سینکڑوں جگہ اس حقیقت کو بیان فرمایا گیا ہے، سورۃ الاعلیٰ میں نہایت بلیغ، مختصر اور جامع الفاظ میں اس پر متنبہ فرمایا:

"بَلْ تُؤْثِرُوْنَ الْحَیٰوۃَ الدُّنْیَا وَالْاٰخِرَۃُ خَیْرٌ وَّ اَبْقٰی"۔ (الاعلیٰ:۱۷،۱۶)

"کان کھول کر سن لو! (کہ تم آخرت کو اہمیت نہیں دیتے) بلکہ دنیا کی زندگی کو (اس پر) ترجیح دیتے ہو، حالانکہ آخرت (دنیا سے) بدرجہا بہتر اور لازوال ہے۔"

اور عملی حصہ اس نسخہ کا یہ ہے کہ دنیا میں رہتے ہوئے آخرت کی تیاری میں مشغول ہوا جائے اور بطور پرہیز کے حرام اور مشتبہ چیزوں کو زہر سمجھ کر ان سے کلی پرہیز کیا جائے اور یہاں کے لذائذ و شہوات میں انہماک سے کنارہ کشی کی جائے۔ دنیا کا مال واسباب، زن وفرزند، خویش واقرباء اور قبیلہ وبرادری کے سارے قصے زندگی کی ایک ناگزیر ضرورت سمجھ کر صرف بقدر ضرورت ہی اختیار کیے جائیں، ان میں سے کسی چیز کو بھی دنیا میں عیش وعشرت اور لذت وتنعم کی زندگی گزارنے کے لیے اختیار نہ کیا جائے، نہ یہاں کی عیش کوشی کو زندگی کا مقصد اور موضوع بنایا جائے۔ آنحضرت ﷺ کا ارشاد گرامی ہے:

"اِیاک والتنعم، فاِن عباد اللہ لیسوا بالمتنعّمین۔" (مشکوۃ) "عیش وتنعم سے پرہیز

کرو، کیونکہ اللہ کے بندے عیش پرست نہیں ہوتے۔"

عجیب متضاد طرزِ عمل تعجب ہے کہ اگر کسی ڈاکٹر کی رائے ہو کہ دودھ، گھی، گوشت، چاول وغیرہ کا استعمال مضر ہے تو اس کے مشورے اور اشارے سے تمام نعمتیں ترک کی جاسکتی ہیں، لیکن خاتم الانبیاء صلی اللہ علیہ وسلم کے واضح ارشادات اور وحی آسمانی کے صاف احکام پر ادنیٰ سے ادنیٰ لذت کا ترک کرنا گوارا نہیں، نبی کریم صلی اللہ علیہ وسلم اور آپ صلی اللہ علیہ وسلم کی آل واصحاب کی زندگی اور معیارِ زندگی کو اول سے آخر تک دیکھا جائے تو معلوم ہوگا کہ دنیا کی نعمتوں سے دل بستگی سراسر جنون ہے۔

" صحیح بخاری شریف" میں حضرت ابوہریرہؓ کا قصہ مروی ہے کہ کچھ لوگوں پر ان کا گزر ہوا، جن کے سامنے بُھنا ہوا گوشت رکھا تھا، انہوں نے حضرت ابوہریرہؓ کو کھانے کی دعوت دی، آپؓ نے انکار کر دیا اور فرمایا کہ:

"محمد صلی اللہ علیہ وسلم ایسی حالت میں دنیا سے رخصت ہوئے کہ جو کی روٹی بھی پیٹ بھر کر نہ کھائی۔" (صحیح البخاری، کتاب الاطعمۃ، باب ماکان النبی صلی اللہ علیہ وسلم واصحابہ یأکلون، ج:۲، ص:۸۱۵، ط: قدیمی)

مہینوں پر مہینے گزر جاتے، مگر کاشانۂ نبوت میں نہ رات کو چراغ جلتا نہ دن کو چولہا گرم ہوتا، پانی اور کھجور پر گزر بسر ہوتی، وہ بھی کبھی میسر آتیں کبھی نہیں، تین تین دن کا فاقہ ہوتا، کمر سیدھی رکھنے کے لیے پیٹ پر پتھر باندھے جاتے اور اسی حالت میں جہاد وقتال کے معرکے ہوتے، الغرض زہد وقناعت، فقر و فاقہ، بلند ہمتی وجفاکشی اور دنیا کی آسائش سے بے رغبتی اور نفرت وبیزاری سیرتِ طیبہ کا طغرائے امتیاز تھی۔ اپنی حالت کا اس "پاک زندگی" سے مقابلہ کرنے کے بعد ہم میں سے ہر شخص کو شرم آنی چاہیے، ہمارے یہاں سارا مسئلہ روٹی اور پیٹ کا ہے اور وہاں یہ سرے سے کوئی مسئلہ ہی نہیں تھا،

ظاہر ہے کہ یہ زندگی بالقصد اختیار کی گئی تھی، تاکہ آئندہ نسلوں پر خدا کی حجت پوری ہو جائے، ورنہ آپ ﷺ چاہتے تو آپ کو منجانب اللہ کیا کچھ نہ دیا جا سکتا؟

مگر دنیا کا یہ ساز و سامان جس کے لیے ہم مر کھپ رہے ہیں، اللہ تعالیٰ کی نظر میں اس قدر حقیر و ذلیل ہے کہ وہ اپنے محبوب اور مقرب بندوں کو اس سے آلودہ نہیں کرنا چاہتا، بعض انبیاءؑ کو عظیم الشان سلطنت بھی دی گئی، مگر ان کے زہد و قناعت اور دنیا سے بے رغبتی و بیزاری میں فرق نہیں، ان کے پاس جو کچھ تھا دوسروں کے لیے تھا، اپنے نفس کے لیے کچھ نہ تھا۔ الغرض یہ ہے "فتنۂ پیٹ" کا صحیح علاج جو انبیاء کرامؑ اور بالخصوص سید کائنات ﷺ نے تجویز فرمایا، اور اگر انسان "پیٹ کی شہوت" کے فتنہ سے بچ نکلے تو ان شاء اللہ!

"شہوتِ فرج" کے فتنہ سے بھی محفوظ رہے گا کہ یہ خرمستی پیٹ بھرے آدمی کو ہی سوجھتی ہے، بھوکا آدمی اس کی آرزو کب کرے گا۔ ان ہی دو شہوتوں سے بچنے کا نام اسلام کی اصطلاح میں "تقویٰ" ہے جس پر بڑی بشارتیں دی گئی ہیں۔ خلاصہ یہ ہے کہ جس طرح ضعیف مریض کو بقائے حیات کے لیے ہلکی پھلکی معمولی غذا کا مشورہ دیا جاتا ہے اور زبان کے چسکے سے بچنے کی سخت تاکید کی جاتی ہے، تاکہ مطلوبہ اعلیٰ صحت نصیب ہو، بس یہی حیثیت اسلام کی نظر میں دنیا کی ہے۔

* * *

خوفِ خدا اور فکرِ آخرت

ارمغان ارمان

سیدی و مرشدی حضرت مولانا شاہ حکیم محمد اختر نور اللہ مرقدہٗ نے اپنے مرشد حضرت شیخ عبد الغنی پھولپوریؒ کی اثباتِ قیامت کی تقریر کو نظم میں فرمایا تھا، جس کا آخری شعر یہ ہے:

قیامت کا دن منتہائے عمل ہے جزائے عمل ہے سزائے عمل ہے۔

ان سادہ الفاظ میں جو جامعیت و نصیحت ہے وہ اظہر من الشمس ہے، یعنی دل میں خوفِ خدا اور دنیا سے بے رغبتی پیدا کر کے روزِ قیامت کی تیاری کے لیے فکرِ آخرت پیدا کرنا ہے۔ حضور نبی کریم رحمۃ للعالمین فخر المرسلین صَلَّی اللّٰہُ عَلَیْہِ وَسَلَّم نے ارشاد فرمایا کہ:

"آنکھوں کو بھی عبادت کا حصہ دو، یعنی قرآن میں دیکھو اور اس میں غور و تدبر کرو اور اس کے عجائبات سے درسِ عبرت لو"۔ (الصحیح لابن حبان بروایت ابی سعید، کنز العمال اردو مترجم:۱/۳۲۳، رقم الحدیث:۲۲۶۲)

امام التابعین حضرت حسن بصریؒ کہتے ہیں کہ:

"پہلے لوگ قرآن شریف کو اللہ تعالیٰ کا فرمان سمجھتے تھے، رات بھر اس میں غور و تدبر کرتے تھے اور دن کو اس پر عمل کرتے تھے اور تم لوگ اس کے حروف اور زیر وزبر تو بہت درست کرتے ہو، مگر اس کو فرمانِ شاہی نہیں سمجھتے، اس میں غور و تدبر نہیں

کرتے۔(فضائل قرآن مجید، زیر حدیث نمبر:۱۹)

البتہ خود سے غور و تدبر کرنے کی بجائے علمائے کرام سے اس کا طریقہ پوچھنا چاہیے اور سیکھنا چاہیے، تاکہ خود ساختہ طریقے پر چلنے سے گمراہی میں مبتلا نہ ہو جائے، کیونکہ کلام پاک کے معنی کے لیے جو شرائط وآداب ہیں ان کی رعایت بھی ضروری ہے۔ اور ایک جگہ رسول اللہ ﷺ نے ارشاد فرمایا کہ:

"افسوس اس شخص پر جس نے یہ آیت پڑھی۔۔۔۔۔-:"اِنَّ فِیۡ خَلۡقِ السَّمٰوٰتِ وَالۡاَرۡضِ وَاخۡتِلَافِ الَّیۡلِ وَالنَّہَارِ لَاٰیٰتٍ لِّاُولِی الۡاَلۡبَابِ "۔(آل عمران:۱۹۰)

"بے شک آسمانوں اور زمین کی پیدائش اور رات ودن کے بدل بدل کر آنے جانے میں عقل والوں کے لیے نشانیاں ہیں"۔۔۔۔۔۔۔۔-لیکن اس میں کچھ غور و فکر نہ کیا۔"

(کنز العمال اردو مترجم:۱/۳۵۱،رقم:۲۵۷۶)

اس آیت پر حضور ﷺ کا ایک واقعہ بھی منقول ہے، ملاحظہ ہو: حضرت عبید بن عمیرؒ فرماتے ہیں کہ: میں نے حضرت عائشہ t سے پوچھا کہ آپ نے حضور ﷺ کی سب سے زیادہ عجیب بات جو دیکھی ہو، وہ ہمیں بتادیں۔ پہلے تو وہ خاموش ہوگئیں، پھر فرمایا: ایک رات حضور ﷺ نے فرمایا:"اے عائشہ! مجھے چھوڑو، آج رات میں اپنے رب کی عبادت کروں۔" میں نے عرض کیا: اللہ کی قسم! مجھے آپ کا قرب بھی پسند ہے اور جس کام سے آپ کو خوشی ہو وہ بھی پسند ہے، چنانچہ حضور ﷺ اُٹھے اور وضو کیا، پھر کھڑے ہو کر نماز پڑھنے لگے اور نماز میں روتے رہے اور اتنا روئے کہ آپ ﷺ کی گود گیلی ہوگئی اور بیٹھ کر اتنا روئے کہ آپ ﷺ کی داڑھی آنسوؤں سے تر ہوگئی، پھر سجدہ میں اتنا روئے کہ زمین تر ہوگئی، پھر حضرت بلالؓ حضور ﷺ کو نماز کی اطلاع دینے آئے، جب انہوں نے حضور ﷺ کو روتے ہوئے دیکھا تو عرض کیا:

یارسول اللہ! آپ رو رہے ہیں؟ حالانکہ اللہ تعالیٰ نے آپ کے اگلے پچھلے تمام گناہ معاف کر دیئے ہیں۔

حضور ﷺ نے فرمایا: تو کیا میں شکر گزار بندہ نہ بنوں؟ آج رات مجھ پر ایسی آیت نازل ہوئی ہے کہ جو آدمی اسے پڑھے اور اس میں غور و فکر نہ کرے، اس کے لیے ہلاکت ہے، وہ آیت یہ ہے:

"اِنَّ فِیْ خَلْقِ السَّمٰوٰتِ وَالْاَرْضِ وَاخْتِلَافِ الَّیْلِ وَالنَّهَارِ لَاٰیٰتٍ لِّاُولِی الْاَلْبَابِ"۔ (آل عمران: ۱۹۰)

ترجمہ:۔۔۔ "بلاشبہ آسمانوں اور زمین کے بنانے میں اور رات و دن کے بدل بدل کر آنے جانے میں عقل والوں کے لیے نشانیاں ہیں۔" (اخرجہ ابن حبان فی صحیحہ، کذافی الترغیب: ۳۳۲بحوالہ حکایۃ الصحابہ: ۳/۱۵۰،۱۴۹)

حضور ﷺ پر بڑھاپے کے آثار قبل از وقت کیوں؟

مفسرین کرام فرماتے ہیں کہ قرآن پاک کے بنیادی مضمون تین ہیں: ا:۔۔۔توحید، ۲:۔۔۔رسالت، ۳:۔۔۔قیامت۔ قرآن پاک میں کچھ سورتیں ایسی ہیں جن میں قیامت کی ہولناکیاں اور اگلی اقوام کے حالات وغیرہ کا ذکر ہے۔ مختلف احادیث میں ان سورتوں کی نشاندہی فرمائی گئی ہے۔ ان سب روایات کا خلاصہ یہ ہے کہ صحابۂ کرامؓ مثلاً حضرت ابو بکر صدیقؓ، حضرت عمر فاروقؓ وغیرہ نے ریش مبارک میں بالوں کی سفیدی دیکھ کر اظہارِ رنج کے ساتھ عرض کیا کہ: یارسول اللہ! آپ بوڑھے ہو گئے؟ سید الانبیاء حضور سرورِ عالم ﷺ نے فرمایا کہ: مجھے سورۂ ہود اور اس کی بہنوں یعنی دوسری چند سورتوں نے بڑھاپے سے قبل ہی سفید بالوں والا یعنی بوڑھا کر دیا۔ (مستفاد از کنز العمال اردو مترجم)

ان سورتوں میں پچھلی قوموں پر نازل ہونے والے قہر الٰہی، مختلف قسم کے عذابوں، قیامت کے ہولناک واقعات اور ان کی منظر کشی، کفار وفجار کی سزا اور مؤمنین ومتقین کی جزاء وغیرہ کا ذکر خاص انداز میں آیا ہے، اس لیے ان واقعات کے خوف ودہشت کی وجہ سے آپ ﷺ پر بڑھاپے کے آثار شروع ہوگئے۔

اسی طرح ایک حدیث میں آیا ہے کہ حضور اقدس ﷺ دولت کدہ سے تشریف لاتے ہوئے داڑھی مبارک پر ہاتھ پھیر رہے تھے، حضرت ابوبکرؓ اور حضرت عمرؓ مسجد میں تشریف فرما تھے، حضرت ابوبکرؓ نے یہ منظر دیکھا اور عرض کیا: یارسول اللہ! میرے ماں باپ آپ پر قربان ہوں، کس قدر جلدی آپ پر بڑھاپا آگیا ہے اور یہ کہہ کر رونے لگے اور آنسو جاری ہو رہے تھے۔ حضور ﷺ نے فرمایا: سورۂ ہود جیسی سورتوں نے مجھے بوڑھا کر دیا ہے۔

(شمائل ترمذی مع اردو شرح خصائل نبوی، ص:۴۳)

سورتوں کے نام وہ سورتیں جن کا ذکر آپ ﷺ نے مختلف روایات میں فرمایا، وہ مندرجہ ذیل ہیں: ۱:۔۔ ہود، ۲:۔۔ الواقعۃ، ۳:۔۔ الحاقۃ، ۴:۔۔ المعارج، ۵:۔۔ المرسلات، ۶:۔۔ النبأ، ۷:۔۔ التکویر، ۸:۔۔ الغاشیۃ، ۹:۔۔ القارعۃ۔ (کنز العمال اردو مترجم، ج:۱، رقم الحدیث: ۲۵۸۶- ۲۵۹۲، ۴۰۹۱- ۴۰۹۶) ان سورتوں کے علاوہ بھی اس طرح کی بہت سی سورتیں اور آیتیں ہیں، لیکن چونکہ درج بالا سورتوں میں اس موضوع کا خاص طور پر ذکر ملتا ہے، اس لیے ان کے نام لے کر بتائے گئے۔ ایک ہی رات میں بال سفید ہوگئے (ایک واقعہ) علامہ زمخشری کہتے ہیں:

میں نے ایک کتاب میں دیکھا ہے کہ ایک شخص شام کے وقت بالکل سیاہ بال جوان تھا، ایک ہی رات میں بالکل سفید ہوگیا۔ لوگوں نے پوچھا، تو اس نے کہا کہ میں نے رات

قیامت کا منظر دیکھا ہے کہ لوگ زنجیروں سے کھینچ کر جہنم میں ڈالے جارہے ہیں، اس کی دہشت مجھ پر کچھ ایسی غالب ہوئی کہ اس نے ایک ہی رات میں مجھے اس حالت پر پہنچادیا۔ اللہ اکبر! (شمائل ترمذی مع اردو شرح خصائل نبوی: ۴۴، ۴۳)

چند مخصوص آیات مبارکہ کا تذکرہ خوفِ خدا اور فکرِ آخرت پر حضور اقدس ﷺ، صحابۂ کرامؓ اور علماء ومشائخ کے ایسے بے شمار واقعات ہیں کہ ایک ہی آیت کو پڑھتے رہے اور خوف وخشیت سے روتے رہے۔ اپنے موضوع (خوفِ خدا اور فکر آخرت) کی مناسبت سے صرف حضور سرورِ عالم ﷺ کے چند واقعات وارشادات پر ہی اکتفا کرتا ہوں، جن میں مخصوص آیاتِ قرآنیہ کا ذکر ہے:

۱:۔۔۔۔ رسول اللہ ﷺ نے ارشاد فرمایا کہ: "سب سے زیادہ خوف زدہ کرنے والی آیت: "فَمَنْ يَّعْمَلْ مِثْقَالَ ذَرَّةٍ خَيْرًا يَّرَهٗ وَمَنْ يَّعْمَلْ مِثْقَالَ ذَرَّةٍ شَرًّا يَّرَهٗ" ہے۔ (الزلزال:۸،۷)۔۔۔۔ "چنانچہ جس نے ذرہ برابر کوئی اچھائی کی ہوگی وہ اسے دیکھے گا اور جس نے ذرہ برابر کوئی برائی کی ہوگی وہ اُسے دیکھے گا۔" سب سے زیادہ امید رساں اور دل کو تقویت بخشنے والی آیت: " قُلْ يٰعِبَادِيَ الَّذِيْنَ اَسْرَفُوْا عَلٰٓى اَنْفُسِهِمْ لَا تَقْنَطُوْا مِنْ رَّحْمَةِ اللّٰهِ " ہے۔ (الزمر:۵۳)۔۔۔۔ "کہہ دو کہ: اے میرے وہ بندو! جنہوں نے اپنی جانوں پر زیادتی کررکھی ہے، اللہ کی رحمت سے مایوس نہ ہو۔"

(کنز العمال اردو مترجم: ۱/ ۳۵۰، رقم الحدیث: ۲۵۶۰)

۲:۔۔۔۔ رسول اللہ ﷺ نے ارشاد فرمایا کہ: "میں تم پر ایک سورت (التکاثر) پڑھتا ہوں، جو اس پر رویا اس کے لیے جنت واجب ہوگئی، پس جس کو رونا نہ آئے وہ رونے کی کوشش کرے۔ (شعب الایمان بروایت عبد الملک بن عمیر، مرسلاً، کنز العمال اردو مترجم: ۱/ ۳۶۵، رقم الحدیث: ۲۷۱۵) اس سورت میں دنیا کی زندگی اور مال ودولت

کو مقصد بنانے والوں کی مذمت کی گئی ہے، نیز مال کی بے ثباتی، روز قیامت اللہ تعالیٰ کی نعمتوں کے بارے میں سوال ہونے اور جہنم سے ڈرایا گیا ہے۔

۳:۔۔۔۔۔ نبی اکرم صَلَّی اللہُ عَلَیْہِ وَسَلَّم ایک مرتبہ تمام رات روتے رہے اور صبح تک نماز میں یہ آیت تلاوت فرماتے رہے: " اِنۡ تُعَذِّبۡہُمۡ فَاِنَّہُمۡ عِبَادُکَ وَاِنۡ تَغۡفِرۡ لَہُمۡ فَاِنَّکَ اَنۡتَ الۡعَزِیۡزُالۡحَکِیۡمُ "(المائدۃ:۱۱۸) ترجمہ:۔۔۔۔۔"اگر آپ ان کو سزادیں تو یہ آپ کے بندے ہیں اور اگر آپ ان کو معاف فرمادیں تو آپ زبردست ہیں، حکمت والے ہیں۔" یعنی آپ ان کے مالک ہیں اور مالک کو حق ہے کہ بندوں کو ان کے جرائم پر سزادے، اس لیے آپ اس کے بھی مختار ہیں، قدرت والے ہیں، معافی پر بھی آپ قادر ہیں، اس لیے اس کے بھی آپ مختار ہیں تو آپ کی معافی بھی حکمت کے موافق ہوگی، اس لیے اس میں بھی کوئی قباحت نہیں ہوسکتی، مطلب یہ کہ آپ دونوں حالت میں مختار ہیں، میں کچھ دخل نہیں دیتا۔(بیان القرآن، زیر آیت ہذا:۱۷۲،وحکایات صحابہؓ:۳۶)

۴:۔۔۔۔۔ حضرت ابن عمرؓ فرماتے ہیں کہ: حضور صَلَّی اللہُ عَلَیْہِ وَسَلَّم نے ایک قاری کو یہ آیت پڑھتے ہوئے سنا:" اِنَّ لَدَیۡنَاۤ اَنۡکَالًا وَّجَحِیۡمًا "۔(المزمل:۱۲)ترجمہ:۔۔۔۔۔"ہمارے یہاں بیڑیاں ہیں اور دوزخ ہے"۔ یہ سن کر حضور صَلَّی اللہُ عَلَیْہِ وَسَلَّم بے ہوش ہوگئے۔ (حیاۃ الصحابہؓ،ج:۲،ص:۶۸۸)

۵:۔۔۔۔۔ حضرت عبد اللہؓ فرماتے ہیں کہ: حضور صَلَّی اللہُ عَلَیْہِ وَسَلَّم نے مجھ سے فرمایا: مجھے قرآن پڑھ کر سناؤ، میں نے عرض کیا: میں آپ کو قرآن پڑھ کر سناؤں؟ حالانکہ قرآن تو خود آپ پر نازل ہوا ہے۔ حضور صَلَّی اللہُ عَلَیْہِ وَسَلَّم نے فرمایا: میرا دل چاہتا ہے کہ میں دوسرے سے قرآن سنوں، چنانچہ میں نے سورۂ نساء پڑھنی شروع کردی اور جب میں "فَکَیۡفَ اِذَا جِئۡنَا مِنۡ کُلِّ اُمَّۃٍۭ بِشَہِیۡدٍ وَّجِئۡنَا بِکَ عَلٰی ہٰۤؤُلَآءِ شَہِیۡدًا"(نسائ:۴۱)۔۔۔۔۔"پھر (یہ لوگ سوچ

رکھیں کہ) اس وقت (ان کا) کیا حال ہو گا جب ہم ہر امت میں سے ایک گواہ لے کر آئیں گے اور (اے پیغمبر!) ہم تم کو ان لوگوں کے خلاف گواہ کے طور پر پیش کریں گے۔" پر پہنچا تو حضور ﷺ نے فرمایا: بس کرو! میں نے آپ ﷺ کی طرف دیکھا تو آپ ﷺ کی آنکھیں آنسو بہا رہی تھیں۔

(اخرجہ البخاری، کذا فی البدایۃ:۶/۵۹، بحوالہ حیاۃ الصحابہؓ:۲/۶۹۲)

فائدہ: تمام انبیائے کرامؑ قیامت کے روز اپنی اپنی امتوں کے اچھے برے اعمال پر گواہی دیں گے اور آنحضرت ﷺ کو اپنی امت کے لوگوں پر گواہ بنا کر پیش کیا جائے گا۔ (آسان ترجمۂ قرآن:۱/۲۶۶) یعنی جن لوگوں نے اللہ کے احکام دنیا میں نہ مانے ہوں گے، ان کے مقدمہ کی پیشی کے وقت بطور سرکاری گواہ کے انبیاءؑ کے اظہارات سنے جاویں گے، جو جو معاملات انبیاءؑ کی موجودگی میں پیش آئے تھے سب ظاہر کریں گے، اس شہادت کے بعد ان مخالفین پر جرم ثابت ہو کر سزا دی جاوے گی۔ (بیان القرآن، زیر آیت ہذا:۱/۱۷۶)

۶:۔۔۔۔ شرح السنۃ میں لکھا ہے کہ ایک صاحب کو خواب میں حضور ﷺ کی زیارت ہوئی، انہوں نے پوچھا: یارسول اللہ! مجھے یہ حدیث پہنچی ہے کہ آپ نے ارشاد فرمایا ہے کہ سورۂ ہود نے مجھے بوڑھا کر دیا، کیا بات ہے؟ حضور ﷺ نے ارشاد فرمایا کہ: اس میں ایک آیت ہے: "فَاسْتَقِمْ كَمَآ اُمِرْتَ" یعنی دین پر ایسے مستقیم رہو جیسا کہ حکم ہے اور ظاہر ہے کہ حکم کے موافق پوری استقامت بہت ہی مشکل امر ہے، اس لیے صوفیاء نے لکھا ہے کہ استقامت ہزار کرامتوں سے افضل ہے۔ (شمائل ترمذی مع اردو شرح خصائل نبوی:۴۳)

۷:۔۔۔۔ حضرت ابوہریرہؓ فرماتے ہیں کہ جب یہ آیت نازل ہوئی: "اَفَمِنْ هٰذَا

الْحَدِيْثِ تَعْجَبُوْنَ وَتَضْحَكُوْنَ وَلَا تَبْكُوْنَ"۔ (النجم: ۶۰، ۵۹)۔۔۔۔۔ "سو کیا (ایسی خوف کی باتیں سن کر بھی) تم لوگ اس کلام (الٰہی) سے تعجب کرتے ہو اور ہنستے ہو اور (خوفِ عذاب سے) روتے نہیں ہو۔" تو اصحابِ صفہؓ اتنا روئے کہ آنسو اُن کے رُخساروں پر بہنے لگے، حضور ﷺ نے جب ان کے رونے کی ہلکی ہلکی آواز سنی تو آپ ﷺ بھی ان کے ساتھ رو پڑے، آپ ﷺ کے رونے کی وجہ سے ہم بھی رو پڑے، پھر حضور ﷺ نے فرمایا: جو اللہ کے ڈر سے روئے گا وہ آگ میں داخل نہیں ہو گا اور جو گناہ پر اصرار کرے گا وہ جنت میں داخل نہیں ہو گا اور اگر تم گناہ نہ کرو (اور استغفار کرنا چھوڑ دو) تو اللہ ایسے لوگوں کو لے آئے گا جو گناہ کریں گے (اور استغفار کریں گے) اور اللہ ان کی مغفرت کریں گے۔

(اخرجہ البیہقی، کذا فی الترغیب: ۵/ ۱۹۰، بحوالہ حیاۃ الصحابہؓ: ۲/ ۶۹۳)

***

توبہ کا مفہوم، اقسام و اہمیت اور طریقہ کار

مفتی عارف محمود

ابنِ قیمؒ فرماتے ہیں: "توبہ انسان کی پہلی، درمیانی اور آخری منزل ہے، بندہ سالک اُسے کبھی اپنے سے جدا نہیں کرتا، مدت تک توبہ اور رجوع کی حالت میں رہتا ہے۔ اگر ایک مقام سے دوسرے مقام کی طرف سفر اختیار کرتا ہے تو توبہ اس کا رفیق ہوتا ہے جہا ں وہ جائے، پس توبہ بندہ کی ابتدا بھی ہے اور انتہا بھی، بلکہ ابتدا کی طرح موت کے وقت اس کی ضرورت اور بھی بڑھ جاتی ہے۔"

(مدارج السالکین، صفحہ: ۱۴۱)

توبہ دل کا نور ہے، نفس کی پاکیزگی ہے، توبہ انسان کو اس حقیقی زندگی کی طرف رہنمائی کرتی ہے کہ: اے غافل انسان! آؤ! قبل اس کے کہ زندگی کا قافلہ کوچ کر جائے اور موت اپنی تمام تر حشر سامانیوں کے ساتھ آموجود ہو، توبہ کرنے والوں کی ہم نشینی اختیار کرلیں، کیونکہ یہ ایک اٹل حقیقت ہے کہ قبر محض ایک گڑھا نہیں، بلکہ جنت کے باغوں میں سے ایک باغ ہے یا جہنم کے گڑھوں میں سے ایک گڑھا ہے۔

(کمارواہ الترمذي في سننہ عن أبي ھریرۃؓ، کتاب صفۃ القیامۃ: ۴/۶۳۹-۶۴۰، رقم الحدیث: ۲۴۶۰)

پس جس کی ابتدا توبہ اور رجوع سے روشن اور چمکدار ہوگی، اس کی انتہا بھی نور

مغفرت سے منور ہو گی، جو اللہ کی طرف رجوع اور توبہ میں اخلاص اور سچائی کو اختیار کرے گا، اللہ تعالیٰ اُسے خاتمہ بالخیر کی توفیق عطا فرمائیں گے۔ توبہ سب کے لیے توبہ صرف گنہگاروں کے ساتھ خاص نہیں، بلکہ سب ایمان والوں کو توبہ کا حکم دیا گیا ہے، اللہ رب العزت کا ارشادِ گرامی ہے:

"وَتُوْبُوْا اِلَی اللّٰہِ جَمِیْعًا اَیُّہَا الْمُؤْمِنُوْنَ لَعَلَّکُمْ تُفْلِحُوْنَ"۔ (النور:۳۱) ترجمہ: "اور توبہ کرو اللہ کے آگے سب مل کر اے ایمان والو! تا کہ تم بھلائی پاؤ"۔ (ترجمہ از شیخ الہندؒ)

صحیح مسلم میں حضرت مزنیؓ سے مروی ہے کہ رسول اللہ ﷺ نے ارشاد فرمایا: اے لوگو! گناہوں سے باز آجاؤ اور اللہ کی طرف رجوع کر لو اور میں ایک دن میں سو مرتبہ اللہ کی طرف رجوع کرتا ہوں۔

(صحیح مسلم، باب استحباب الاستغفار والاستکثار منہ، رقم:۷۰۳۴)

غور فرمائیں کہ جب اللہ تعالیٰ کے آخری نبی ﷺ جو اولین وآخرین کے سردار ہیں، بخشے بخشائے ہوئے ہیں، تمام جنتیوں کے سردار ہیں، مقامِ محمود کے مالک ہیں، وہ ایک دن میں سو مرتبہ اللہ تعالیٰ کی طرف توبہ واستغفار کے عمل کو اختیار کرتے ہیں تو ہم گنہگار اور خطاکار امیتوں کو کس قدر توبہ واستغفار کا اور اللہ کی طرف رجوع کا اہتمام کرنا چاہیے!۔ گناہوں سے فوری توبہ کی ضرورت آج کے اس پر آشوب ماحول میں تمام اہل ایمان کو چاہیے کہ بغیر کسی استثنا کے فوری توبہ اور اللہ تعالیٰ کی طرف رجوع کریں۔ موت سے پہلے موقع ہے، اسے ضائع نہ کریں، اللہ رحیم و کریم بھی اپنے بندوں کی توبہ کا انتظار فرماتے ہیں اور ان کی توبہ کو قبول کرتے ہیں اور چاہتے ہیں کہ بندہ توبہ کرے اور وہ قبول فرمائے، چنانچہ قرآن کریم میں ارشادِ خداوندی ہے:

"وَاللّٰہُ یُرِیْدُ اَنْ یَّتُوْبَ عَلَیْکُمْ"۔ (النسائ:۲۷) ترجمہ: "اور اللہ چاہتا ہے کہ تم پر

متوجہ ہوئے"۔(ترجمہ از: شیخ الہندؒ)

گناہ کرکے توبہ نہ کرنے کا انجام یہ یاد رکھیں کہ گناہ کا صدور ہونا ایمان کے منافی نہیں۔ ایمان والے سوائے انبیاؑ کے کوئی بھی معصوم نہیں اور عام انسانوں سے گناہ کا ہو جانا کوئی اچھنبے کی بات نہیں۔ گناہ کا ہو جانا اور بھول چوک تو انسان کی فطرت میں داخل ہے۔ یہ اتنا خطرناک اور ہلاکت خیز نہیں، جتنا گناہ ہو جانے کے بعد توبہ نہ کرنا اور اس سے غفلت اختیار کرنا ہلاکت آمیز اور تباہ کن ہے۔ مسلم شریف میں حضرت ابو ہریرہؓ سے مروی ہے کہ رسول اللہ ﷺ نے ارشاد فرمایا:

"والذی نفسی بیدہ لولم تذنبوا الذھب اللہ بکم ولجاء بقوم یذنبون فیستغفرون اللہ فیغفر لھم"۔ (صحیح مسلم، باب سقوط الذنوب بالاستغفار، رقم: ۱۴۱۷) ترجمہ: "قسم ہے اس ذات کی جس کے قبضۂ قدرت میں میری جان ہے، اگر تم گناہوں کا ارتکاب نہ کرو تو اللہ تعالیٰ تمہیں ختم کرکے ایسی قوم کو لے آئیں گے جو گناہ کرے گی اور اللہ سے اپنے گناہوں کی مغفرت طلب کرے گی تو اللہ ان کی مغفرت فرمادیں گے۔

سننِ ترمذی اور سننِ ابنِ ماجہ میں حضرت انسؓ سے مروی ہے کہ رسول اللہ ﷺ نے ارشاد فرمایا: "كل بني آدم خطاء وخير الخطائين التوابون"۔ (سنن الترمذي، كتاب صفة القيامة، رقم: ۲۴۹۹)

ترجمہ: "تمام بنی آدم خطاکار ہیں اور بہترین خطاکار توبہ کرنے والے ہیں"۔ ان روایات سے معلوم ہوا کہ بندہ کا توبہ کرنا اور اللہ کی طرف رجوع کرنا انتہائی ضروری ہے، ورنہ اسے اپنے نفس پر ظلم کرنے والوں میں سے شمار کیا جائے گا، امام مجاہدؒ فرماتے ہیں:

"من لم يتب إذا أصبح وإذا أمسى فهو من الظالمين"۔ ترجمہ: "جو شخص (ہر روز) صبح وشام توبہ نہیں کرتا وہ ظالمین میں سے ہے"۔ (تفسير الثعلبي: ۱/ ۱۱۹)

طلق بن حبیبؒ فرماتے ہیں کہ اللہ تعالیٰ کے تمام حقوق کی ادائیگی بہت بڑی بات ہے، مگر تم توبہ کی حالت میں صبح و شام کرو"۔(تفسیر ابن کثیرؒ:۸/۷۸، التفسیر المنیر :۱۳/۲۵۶)

ابنِ رجبؒ فرماتے ہیں:"جس نے بغیر توبہ کیے صبح و شام کی وہ خطرے میں ہے، اُسے یہ خوف دامن گیر ہوتا ہے کہ کہیں بغیر توبہ کے اللہ سے ملاقات نہ ہو جائے اور اللہ اس کا شمار ظالموں میں نہ کر دیں"۔

اللہ تعالیٰ کا ارشاد ہے:"مَنۡ لَّمۡ یَتُبۡ فَاُولٰٓئِکَ ھُمُ الظّٰلِمُوۡنَ"۔(الحجرات:۱۱)۔۔۔۔"

اور جو کوئی توبہ نہ کرے تو وہی ہیں بے انصاف"۔(لطائف المعارف، ص:۴۵۸)

ابن قیمؒ نے لکھا ہے کہ اللہ تعالیٰ نے آیت "مَنۡ لَّمۡ یَتُبۡ فَاُولٰٓئِکَ ھُمُ الظّٰلِمُوۡنَ" میں بندوں کی دو قسمیں بیان فرمائی ہیں:

۱:۔۔۔توبہ کرنے والے۔ ۲:۔۔۔ ظالم، اور یقیناً ان دو کے علاوہ کوئی تیسری قسم نہیں، اور توبہ نہ کرنے والوں کو اللہ نے ظالم شمار کیا ہے۔

(مدارج السالکین، صفحہ:۱۴۲)

معصیت کے نقصانات حضرت ابنِ قیمؒ فرماتے ہیں کہ بندے کو چاہیے کہ اسے معلوم ہو کہ گناہ و معاصی نقصان دہ اور ہلاکت میں ڈالنے والے ہیں، جس طرح مختلف قسم کے زہر سے بدن انسانی متأثر ہوتا ہے اور ہلاکت کا باعث بنتا ہے، ایسے ہی گناہ سے انسانی دل متأثر ہوتا ہے۔ دنیا و آخرت میں جتنے شرور و بیماریاں ہیں، ان سب کا سبب صرف گناہ اور معاصی ہیں۔(الداء والدوائ، ص:۶۰) کسی اللہ والے کا قول ہے:

"لاتنظر اِلٰی صغر الخطیئۃ ولٰکن انظر اِلٰی مَنۡ عصیتَ"۔ ترجمہ:"تم گناہ کے چھوٹے ہونے کو مت دیکھو، بلکہ تم جس کی معصیت کر رہے ہو اس کی عظمت کو پیش نظر رکھو"۔

(أخرجہ أحمد في الزھد، ص:۴۶۰، تھذیب الداء والدواء:۱/۵۴)

حضرت بشرؒ فرماتے ہیں: "لو تفکر النّاس في عظمۃ اللّٰہ ما عصوا اللّٰہَ عزّ وجلّ"۔ (تفسیر ابن کثیرؒ:۲/۱۸۵) ترجمہ:" اگر اللہ کی عظمت لوگوں کے پیشِ نظر رہے تو وہ اللہ کی نا فرمانی سے باز آجائیں گے"۔ توبہ کی تعریف گناہوں اور معصیت سے جس توبہ کا ہم سے بار بار مطالبہ کیا گیا ہے، اس کی حقیقت سے واقف ہونا انتہائی ضروری ہے۔ اگر توبہ کی حقیقت نہ پائی جارہی ہو تو صرف زبان سے توبہ توبہ کہنا کافی نہیں۔ لغت میں توبہ لوٹنے اور رجوع کرنے کو کہتے ہیں، علامہ رازیؒ نے "مختار الصحاح، صفحہ:۵۹" میں اور علامہ فیروز آبادیؒ نے "القاموس المحیط، صفحہ:۵۹" میں لکھا ہے:

" تاب إلی اللہ " اور "توبۃ" گناہ اور معصیت سے لوٹنے کو کہا جاتا ہے۔ شریعت میں اللہ کی معصیت ونافرمانی کو ترک کرکے اس کی اطاعت اختیار کرنے کو توبہ کہتے ہیں۔ توبہ کی حقیقت اور مراتب سچی توبہ کے لیے علمانے کچھ شرائط ذکر کی ہیں، چنانچہ امام قرطبیؒ فرماتے ہیں: "ھی الندم بالقلب، وترک المعصیۃ في الحال، والعزم علٰی ألا یعود إلٰی مثلھا، وأن یکون ذلک حیائً من اللّٰہ "۔ (تفسیر القرطبی، سورۃ النساء:۵/۹۱)

ترجمہ:"(یقیناً سچی توبہ) وہ یہ ہے کہ (اس میں یہ درج ذیل چیزیں پائی جائیں): ۱:۔۔۔ گناہ پر دل سے ندامت ہو، ۲:۔۔۔ فوری طور پر گناہ کو ترک کرے، ۳:۔۔۔ اور پکا ارادہ کرے کہ دوبارہ اس معصیت کا ارتکاب نہیں کرے گا، ۴:۔۔۔ اور یہ سب کچھ "اللہ کی حیا" کی وجہ سے ہو"۔ مراتبِ توبہ توبہ کے تین مراتب ہیں: ۱:۔۔۔ توبہ کا سب سے بڑا اور لازمی درجہ ترکِ کفر اور قبول ایمان ہے۔ ۲:۔۔۔ اس کے بعد دوسرا بڑا درجہ کبائر (بڑے گناہوں) سے توبہ کا ہے۔ ۳:۔۔۔ تیسرا مرتبہ صغیرہ گناہوں سے توبہ کا ہے۔ توبہ کی اقسام توبہ کی دو قسمیں ہیں: ۱:۔۔۔ واجب، ۲:۔۔۔ مستحب۔ کسی بھی مامور کے

ترک اور محظور و ممنوع کام کے کرنے سے توبہ کرنا فی الفور واجب اور ضروری ہے اور یہ تمام مکلف اہلِ ایمان پر واجب ہے۔ مستحبات کے ترک اور مکروہات کے ارتکاب سے توبہ کرنا مستحب ہے۔ (جامع الرسائل لابن تیمیہؒ، رسالۃ فی التوبۃ: ۱/ ۲۲۷) سچی اور صحیح توبہ کی شرائط ۱:۔۔۔ فوری طور سے معصیت و گناہ سے باز آنا۔ ۲:۔۔۔ تمام سابقہ گناہوں پر دل سے ندامت ہو، حضور ﷺ کا ارشاد ہے:

"الندم التوبۃ"، یعنی ندامت توبہ ہے۔ (مسند أبي یعلی، مسند عبد اللہ بن مسعودؓ، رقم :۵۰۸۱، ۴۹۶۹، ۵۱۲۹) ندامت ہی توبہ کا رکنِ اعظم ہے۔

۳:۔۔۔ دوبارہ گناہ کا ارتکاب نہ کرنے کا پکا عزم۔ (تفسیر السراج المنیر: ۲/ ۶۸)

۴:۔۔۔ لوگوں کے حقوق کی ادائیگی، یا ان سے معاف کرانا۔ (تفسیر ابن کثیر: ۸/ ۱۶۹، تفسیر الخازن: ۷/ ۱۲۲)

ریاض الصالحین، صفحہ: ۱۲ میں امام نوویؒ نے لکھا ہے کہ اگر معصیت کا تعلق آدمی سے ہو تو اس کے لیے چار شرائط ہیں، تین وہ جن کا اوپر تذکرہ ہوا اور چوتھی یہ کہ لوگوں کے حقوق سے خود کو بری کرے، اگر کسی کا مال یا اس طرح کی کوئی اور چیز لی ہے تو واپس لوٹا دے، اگر کسی پر جھوٹی تہمت وغیرہ لگائی ہے تو اس سے معافی طلب کرے یا اس کو "حد" پر قدرت دے اور اگر کسی کی غیبت کی ہے تو اس کی بھی معافی مانگے۔

۵:۔۔۔ توبہ نصوح اور سچی توبہ کی پانچویں شرط یہ ہے کہ بندہ اخلاص کو اختیار کرے، یعنی اللہ کے عذاب کے خوف وڈر اور اس کی مغفرت و ثواب کی امید پر گناہوں کو ترک کرے۔

۶:۔۔۔ چھٹی شرط یہ ہے کہ توبہ کا عمل "توبہ کے وقت" میں ہو۔ توبہ نصوح کسے کہتے ہیں؟

اللہ تبارک و تعالیٰ نے قرآن کریم میں اپنے بندوں کو "توبہ نصوح" کا حکم دیتے ہوئے ارشاد فرمایا: "یَا اَیُّہَا الَّذِیْنَ آمَنُوْا تُوْبُوْا اِلَی اللّٰہِ تَوْبَۃً نَّصُوْحًا"۔ (التحریم:۸) ترجمہ: " اے ایمان والو! توبہ کرو اللہ کی طرف صاف دل کی توبہ "۔ (ترجمہ از شیخ الہندؒ) توبہ نصوح سے کیا مراد ہے؟ آیئے! صحابہ کرامؓ، تابعینؒ، سلف صالحینؒ اور مفسرین کرام w کے اقوال کی روشنی میں اس کا جائزہ لیتے ہیں، " نصوحًا " النصحسے ماخوذ ہے، عربی میں سلائی کرنے کو کہتے ہیں، گویا توبہ گناہوں کی پھٹن کو رفو کر کے ایسے ختم کر دیتی ہے، جیسا کہ درزی اور رفوگر کسی پھٹے ہوئے کپڑے کو سلائی ورفو کر کے اس کی پھٹن کو بالکل ختم کر دیتا ہے۔ توبہ نصوح کو سچی، خالص اور محکم و پختہ توبہ بھی کہا جاتا ہے۔ "نُصوحًا، کو نون کے ضمہ کے ساتھ بھی پڑھا جاتا ہے، ایسی توبہ کو کہا جاتا ہے کہ جس سے آدمی نصیحت حاصل کرے۔ (تفسیر السمعانی:۵/۴۷۷)

امام فراءؒ فرماتے ہیں کہ آیت میں "نصوحًا" توبہ کی صفت ہے، معنی یہ ہے کہ وہ توبہ اپنے کرنے والے کو اس بات کی فہمائش کرے کہ ان گناہوں کی طرف لوٹنے کو ترک کرے جن سے اس نے توبہ کی ہے، اور وہ ایسی سچی اور نصیحت آمیز توبہ ہے کہ کرنے والے اپنے نفس کو گناہوں کی گندگی سے پاک کرتے ہیں۔ (تفسیر الرازی، سورۃ التحریم:۱/۴۴۹۰) امام قرطبیؒ نے لکھا ہے کہ اصلِ توبہ نصوح خالص ہونا ہے، ملاوٹ سے پاک شہد کو "عسل ناصح" کہتے ہیں۔

بعض نے کہا کہ یہ " نصاحۃ " بمعنی سلائی سے ماخوذ ہے، اس سے اخذ کی دو وجہیں ہیں: ۱:۔۔۔ اس توبہ نے اس کی اطاعت الٰہی کو محکم وپختہ کیا ہے، جیسا کہ درزی سلائی سے کپڑے کو محکم و پختہ کر دیتا ہے، ۲:۔۔۔ اس توبہ نے اسے اللہ کے اولیاء کے ساتھ جوڑا، جمع کیا اور ملایا ہے، جیسا کہ درزی سلائی کے ذریعہ کپڑے کے مختلف حصوں کو آپس میں

ملاتا اور جوڑ دیتا ہے۔ (تفسیر القرطبی:۱۸/ ۱۹۹) حضرت معاذؓ کے سوال پر حضور اکرم ﷺ نے فرمایا کہ توبہ نصوح یہ ہے کہ بندہ اپنے کیے ہوئے گناہ سے نادم ہو کر اللہ کی طرف یوں بھاگے کہ دوبارہ اس کی طرف نہ لوٹے، یہاں تک کہ دودھ تھنوں میں واپس لوٹ جائے۔ (الدر المنثور:۶/ ۲۸۴)

حضرت عمرؓ، ابی بن کعبؓ اور معاذؓ فرماتے ہیں: "التوبۃ النصوح أن یتوب ثم لا یعود إلی الذنب کما لا یعود اللبن إلی الضرع"۔۔۔۔ "توبہ نصوح یہ ہے کہ وہ توبہ کرے اور پھر اس گناہ کی طرف دوبارہ نہ لوٹے، جس طرح دودھ تھنوں میں لوٹ کر واپس نہیں جاتا۔ (تفسیر القرطبی، سورۃ التحریم:۱۸/ ۱۹۷)

حضرت حسنؒ فرماتے ہیں کہ توبہ نصوح یہ ہے کہ بندہ اپنی سابقہ گناہ آلود زندگی پر نادم ہو، دوبارہ اس کی طرف نہ لوٹنے کے عزم کے ساتھ۔ کلبیؒ نے کہا کہ توبہ نصوح یہ ہے کہ زبان سے استغفار کرے، دل سے ندامت اختیار کرے اور اپنے بدن کو قابو میں رکھے۔ قتادہؒ نے کہا کہ سچی نصیحت آمیز توبہ کو نصوح کہتے ہیں۔ (تفسیر الخازن:۷/ ۱۲۱)

سعید بن جبیرؒ فرماتے ہیں کہ: "نصوح" مقبول توبہ کو کہتے ہیں، اور توبہ اس وقت تک قبول نہیں کی جاتی ہے، جب تک اس میں تین چیزیں نہ پائی جائیں: ا:۔۔۔عدم قبولیت کا خوف ہو۔ ۲:۔۔۔ قبولیت کی امید ہو۔ ۳:۔۔۔طاعات پر ثابت قدمی ہو۔ محمد بن سعید قرظیؒ کہتے ہیں کہ: توبہ نصوح چار چیزوں کے پائے جانے کا نام ہے: ا:۔۔۔زبان سے استغفار کرنا۔ ۲:۔۔۔ بدن سے گناہوں کو اکھیڑ پھینکنا۔ ۳:۔۔۔دل سے دوبارہ لوٹنے کے ترک کا اظہار کرنا۔ حضرت ابن عباسؓ سے بھی یہی منقول ہے۔ (البحر المدید:۸/ ۱۲۷)۔ ۴:۔۔۔برے دوستوں کی صحبت سے دوری اختیار کرنا۔ ۵:۔۔۔ذون النونؒ نے کہا: اہل خیر کی صحبت اختیار کرنا۔ (تفسیر الخازن:۷/ ۱۲۲)

سفیان ثوریؒ نے فرمایا کہ چار چیزیں توبہ نصوح کی علامت ہیں: ۱:۔۔۔ "القلّة"یعنی گناہوں کو زائل کرنا۔ ۲:۔۔۔ "العلّة"یعنی اللہ کی یاد سے دل بہلانا یا تشویش میں مبتلا ہونا یعنی نادم ہونا۔ ۳:۔۔۔ "الذلّة"یعنی انکساری اور تابعداری اختیار کرنا۔۴:۔۔۔ "الغربة"یعنی گناہوں سے دوری و جدائی اختیار کرنا۔

فضیل بن عیاضؒ نے فرمایا کہ: (توبہ کے بعد) گناہ اس کی آنکھوں میں کھٹکے، گویا وہ اُسے برابر دشمنی کی نگاہ سے دیکھ رہا ہو۔ ابو بکر واسطیؒ نے فرمایا: توبہ نصوح (خالص) توبہ کا نام ہے، نہ کہ عقد معاوضہ کا، اس لیے کہ جس نے دنیا میں گناہ کیا اپنے نفس کی سہولت اور مفاد کی خاطر اور پھر توبہ کی اسی نفس کی سہولت کے پیش نظر تو اس کی توبہ اپنے نفس کے لیے ہوگی، نہ کہ اللہ کے لیے۔ (تفسیر الثعلبی:۹/ ۳۵۰)

ابو بکر مصریؒ نے فرمایا: توبہ نصوح مظالم کے لوٹانے یعنی حقوق والوں کے حقوق ادا کرنا، دعویداروں سے حقوق معاف کروانا، اور طاعات پر مداومت کرنے کو کہتے ہیں۔ رابعہ بصریہ x نے کہا: ایسی توبہ جس میں گناہ کی طرف واپس لوٹنے کا خیال نہ ہو۔ ذوالنون مصریؒ نے کہا: توبہ نصوح کی تین علامتیں ہیں:۱:۔۔۔ قلتِ کلام۔ ۲:۔۔۔ قلتِ طعام۔ ۳:۔۔۔ قلتِ منام۔

شقیق بلخیؒ نے کہا کہ: توبہ نصوح کرنے والا بکثرت اپنے نفس پر ملامت کرے اور ندامت اس سے کبھی جدا نہ ہو، تاکہ وہ گناہوں کی آفتوں سے سلامتی کے ساتھ نجات پاسکے۔ سری سقطیؒ نے کہا کہ: توبہ نصوح ایمان والوں کو اصلاحِ نفس کی فہمائش کیے بغیر نہیں ہو سکتی، اس لیے کہ جس کی توبہ درست قرار پائی تو وہ اس بات کو پسند کرے گا کہ سب لوگ اس کی طرح توبہ نصوح کرنے والے ہوں۔ (تفسیر الثعلبی:۹/ ۳۵۰)

جنید بغدادیؒ نے فرمایا: توبہ نصوح یہ ہے کہ وہ گناہوں کو ایسے بھول جائے کہ پھر

ان کا تذکرہ بھی نہ کرے، کیوں کہ جس کی توبہ درست قرار پاتی ہے وہ اللہ تعالیٰ سے محبت کرنے والا بن جاتا ہے اور جس نے اللہ تعالیٰ سے محبت کی وہ اللہ کے ماسوا کو بھول گیا۔ سہل تستریؒ نے فرمایا: توبہ نصوح اہل سنت والجماعت کی توبہ کا نام ہے، اس لیے کہ بدعتی کی کوئی توبہ نہیں، حضور ﷺ کے اس ارشاد کی وجہ سے کہ اللہ نے ہر صاحب بدعت کو توبہ کرنے سے محجوب کر دیا ہے۔

فتح موصلیؒ کہتے ہیں کہ: اس کی تین علامتیں ہیں: ۱:۔۔۔ نفسانی خواہشات کی مخالفت کرنا۔ ۲:۔۔۔ بکثرت رونا۔ ۳:۔۔۔ بھوک اور پیاس کی مشقت کو برداشت کرنا، یعنی قلتِ طعام وشراب۔ (الکشف والبیان: ۹ / ۳۵۱)

حضرت عمرؓ سے توبہ نصوح کے بارے میں پوچھا گیا تو آپؓ نے فرمایا کہ آدمی برے عمل سے توبہ کرے اور پھر کبھی اس کی طرف لوٹ کر نہ جائے۔ حضرت حسنؒ نے فرمایا: توبہ نصوح یہ ہے کہ تو گناہ سے ویسے ہی نفرت کر جیسے تو نے اس سے محبت کی اور جب تجھے یاد آئے تو اس سے توبہ واستغفار کر۔ (تفسیر ابن کثیر: ۸ / ۱۶۸)

ابو بکر وراقؒ نے کہا: توبہ نصوح یہ ہے کہ زمین اپنی وسعتوں کے باوجود تم پر تنگ ہو جائے، جیسا کہ غزوہ تبوک سے پیچھے رہ جانے والوں نے توبہ کی تھی۔ (تفسیر القرطبی: ۸ / ۲۸۷) ابو عبد اللہؒ کہتے ہیں کہ: دس چیزوں کا نام توبہ نصوح ہے: ۱:۔۔۔ جہل سے نکلنا، ۲:۔۔۔ اپنے فعل پر نادم ہونا، ۳:۔۔۔ خواہشات سے دوری اختیار کرنا، ۴:۔۔۔ سوال کیے جانے والے نفس کی پکڑ کا یقین، ۵:۔۔۔ ناجائز معاملات کی تلافی کرنا، ۶:۔۔۔ ٹوٹے ہوئے رشتوں کا جوڑنا، ۷:۔۔۔ جھوٹ کو ساقط کرنا، ۸:۔۔۔ برے دوست کو چھوڑنا، ۹:۔۔۔ معصیت سے خلوت اختیار کرنا، ۱۰:۔۔۔ غفلت کے طریق سے عدول کرنا۔ (حقائق التفسیر للسلمي: ۲ / ۳۳۷)

علامہ شبیر احمد عثمانیؒ لکھتے ہیں کہ: توبہ نصوح سے مراد صاف دل کی توبہ ہے، وہ یہ ہے کہ دل میں پھر اس گناہ کا خیال نہ رہے، اگر توبہ کے بعد انہی خرافات کا خیال پھر آیا تو سمجھو کہ توبہ میں کچھ کسر رہ گئی ہے اور گناہ کی جڑ دل سے نہیں نکلی، رزقنا اللہ منھا حظًا وافرًا بفضلہ و عونہ وھو علٰی کل شیئٍ قدیر۔ (تفسیر عثمانی، سورۃ التحریم: ۸) باعتبارِ وقت و زمانہ کے توبہ کی اقسام باعتبارِ وقت و زمانہ کے توبہ کی دو قسمیں ہیں: ایک یہ کہ ہر انسان اپنی زندگی میں موت کی ہچکچاہٹ سے پہلے پہلے توبہ کرلے، اس لیے کہ سانسیں اکھڑنے کے بعد کی جانے والی توبہ کا کوئی اعتبار نہیں، اللہ تعالیٰ کا ارشاد ہے:

"وَلَيْسَتِ التَّوْبَةُ لِلَّذِيْنَ يَعْمَلُوْنَ السَّيِّاٰتِ حَتّٰٓى اِذَا حَضَرَ اَحَدَهُمُ الْمَوْتُ قَالَ اِنِّىْ تُبْتُ الْـٰٔنَ وَلَا الَّذِيْنَ يَمُوْتُوْنَ وَهُمْ كُفَّارٌ اُولٰٓئِكَ اَعْتَدْنَا لَهُمْ عَذَابًا اَلِيْمًا" ۔(النساء :۱۸)

ترجمہ: "اور ایسوں کی توبہ نہیں جو کیے جاتے ہیں برے کام، یہاں تک کہ جب سامنے آجائے ان میں سے کسی کی موت تو کہنے لگا میں توبہ کرتا ہوں اب، اور نہ ایسوں کی توبہ جو مرتے ہیں حالت کفر میں، ان کے لیے ہم نے تیار کیا ہے عذاب دردناک۔

(ترجمہ از شیخ الہندؒ)

رسول اللہ ﷺ نے ارشاد فرمایا: "اِنّ اللہ یقبل توبۃ العبد مالم یغرغر"۔ (سنن الترمذي، کتاب الدعوات، رقم: ۳۵۳۷)

ترجمہ: "بے شک اللہ بندے کی توبہ اس وقت تک قبول فرماتے ہیں جب تک اس کی روح گلے تک نہ پہنچے (یعنی جب تک اس کی سانسیں نہ اکھڑ جائیں)"۔

توبہ کی دوسری قسم وقت کے اعتبار سے یہ ہے کہ تمام مخلوق کی توبہ اس وقت تک قابلِ قبول ہے جب تک سورج مغرب سے طلوع نہ ہونے لگے اور جب سورج مغرب سے طلوع ہونے لگ جائے تو پھر اس وقت کسی کی بھی توبہ قبول نہیں کی جائے گی۔ حضور

ﷺ نے فرمایا: "من تاب قبل أن تطلع الشمس من مغربها تاب الله علیہ "۔۔۔یعنی "جس نے سورج کے مغرب سے طلوع ہونے سے پہلے توبہ کی، اللہ تعالیٰ اس کی توبہ کو قبول فرمائیں گے۔" (صحیح مسلم، کتاب الذکر والدعائ، رقم:۶۸۶۱) توفیقِ توبہ کے اعتبار سے لوگوں کی قسمیں اللہ تعالیٰ کی طرف سے توبہ کی توفیق ملنے اور نہ ملنے کے اعتبار سے لوگوں کی مختلف قسمیں بنتی ہیں: ۱:۔۔۔ایک قسم تو ان لوگوں کی ہے جن کو زندگی بھر سچی توبہ کی توفیق نہیں ملتی، ان کی تمام عمر سنِ شعور سے لے کر موت تک پورا عرصہ گناہوں اور معصیت میں صَرف ہو جاتا ہے، یہاں تک کہ اسی حالت میں ان کو موت آجاتی ہے، یہ بد بخت لوگوں کی حالت ہے۔

۲:۔۔۔ان سے قبیح اور برے وہ لوگ ہیں جن کو ابتدا سے لے کر آخر تک تمام عمر نیک اعمال کی توفیق ملتی رہی، پھر آخری وقت میں کسی برے عمل میں مبتلا ہو جائیں، یہاں تک کہ وہ اسی برے عمل کو کرتے ہوئے مر جائیں، جیسا کہ صحیح حدیث میں آیا ہے کہ تم میں سے بعض لوگ اہل جنت والے اعمال اختیار کرتے ہیں، یہاں تک کہ اس کے اور جنت کے درمیان ایک بالشت کا فاصلہ رہ جاتا ہے، پھر اس پر تقدیر غالب آجاتی ہے اور وہ جہنمی لوگوں والا کوئی عمل اختیار کرتا ہے، جس کی وجہ سے وہ جہنم میں داخل ہو جاتا ہے۔

(صحیح البخاری، کتاب الأنبیائ، باب قول اللہ تعالیٰ: وإذ قال ربک للملائکۃ إني جاعل في الأرض خلیفۃ، رقم: ۳۳۳۲)

۳:۔۔۔ایک تیسری قسم ان لوگوں کی ہے جو اپنا کل متاع عزیز اور ساری زندگی غفلت و دھوکے میں گزار دیتے ہیں، یہاں تک کہ انہیں کسی عملِ صالح کی توفیق مل جاتی ہے اور وہ اس پر انتقال کر جاتے ہیں، یہ وہ لوگ ہیں جو عمر بھر جہنمی لوگوں والے اعمال کرتے رہے، یہاں تک کہ ان کے اور جہنم کے درمیان صرف ایک بالشت کا فاصلہ رہ جاتا

ہے، پھر تقدیر غالب آجاتی ہے اور وہ اہلِ جنت جیسا عمل اختیار کر کے جنت میں داخل ہو جاتے ہیں۔(حوالہ سابق) یہ بات تو واضح ہے کہ اعمال کا دار و مدار خاتمہ پر ہے، اعتبار خیر یا شر پر خاتمے کا ہے۔ حدیث شریف میں آیا ہے کہ جب اللہ تعالیٰ کسی بندے کے ساتھ بھلائی کا معاملہ فرماتے ہیں تو اسے کسی نیک عمل کی توفیق عنایت فرمادیتے ہیں، پھر اسی پر اس کی روح قبض کر لیتے ہیں۔(سنن الترمذي، کتاب القدر، رقم:۲۱۴۲)

۴:۔۔۔ایک قسم ان لوگوں کی ہے جو اپنی زندگی کا لمحہ لمحہ اور پل پل اللہ کی اطاعت و فرمانبرداری میں گزارتے ہیں، پھر موت سے پہلے ان کو متنبہ کیا جاتا ہے کہ اب اللہ سے ملاقات کا وقت آن پہنچا ہے تو وہ اس ملاقات کی تیاری میں لگ جاتے ہیں اور ایسا زادِ راہ و توشہ اختیار کرتے ہیں جو اس ملاقات کے شایانِ شان ہو۔ یہ لوگوں کی سب سے بہترین اشرف و اعلیٰ قسم ہے۔ حضرت ابنِ عباسؓ فرماتے ہیں کہ:

جب نبی ﷺ پر {اِذَا جَآءَ نَصۡرُ اللّٰہِ وَ الۡفَتۡحُ}(النصر:۱) نازل ہوئی جس میں رسول اللہ ﷺ کو دنیا سے پردہ کرنے کے بارے میں اشارہ فرمایا گیا ہے تو آپ ﷺ اپنی تمام تر صلاحیتیں اور کوششیں آخرت میں کام آنے والے اعمال میں صرف کرنے لگے (جیسا کہ نبوت ملنے کے بعد سے آپ ﷺ کا معمول تھا) (الدر المنثور، سورۃ النصر:۱۵/ ۷۲۲-۷۲۳۔ تفسیر ابن کثیر:۶/ ۵۶۲)

حضرت ام سلمہؓ فرماتی ہیں کہ رسول اللہ ﷺ حیات کے آخری لمحات میں اٹھتے، بیٹھتے، آتے جاتے ہر وقت "سبحان اللہ و بحمدہ أستغفر اللہ و أتوب إلیہ "کہا کرتے تھے، میں نے آپ ﷺ سے اس کثرت کے بارے میں پوچھا تو آپ ﷺ نے فرمایا: مجھے اس کا حکم دیا گیا ہے، پھر آپ ﷺ نے سورۂ نصر تلاوت فرمائی۔ (تفسیر ابن کثیر، النصر:۶/ ۵۶۴۔ تفسیر القرطبی، النصر:۱۰/ ۱۶۶)

آپ ﷺ کی عادتِ شریفہ یہ تھی کہ ہر سال رمضان میں دس دن اعتکاف فرماتے اور حضرت جبرئیل m کو ایک دفعہ قرآن مجید سناتے تھے، وصال والے سال بیس دن اعتکاف کیا اور دو دفعہ قرآن پاک کا دور فرمایا اور آپ ﷺ فرماتے تھے کہ اب اللہ سے ملاقات کا وقت قریب ہے، پھر آپ ﷺ نے حجۃ الوداع، آخری حج ادا فرمایا۔ اس موقع پر ارشاد فرمایا:

لوگو! مجھ سے حج کے مسائل سیکھو، شاید میں اس سال کے بعد دوبارہ حج نہ کر سکوں، یا آپ سے نہ مل پاؤں۔ (صحیح مسلم، کتاب الحج، رقم: ۳۱۳۷)

اس کے علاوہ آپ ﷺ نے قرآن و سنت کو مضبوطی سے پکڑنے اور ان پر عمل کرنے کا حکم دیا اور مدینہ واپس آنے کے کچھ ہی عرصہ بعد دنیا سے پردہ فرمالیا۔ (تفسیر القرطبی: ۲۰/ ۱۶۷)

گناہوں سے توبہ کا طریقہ علماء کرام نے فرمایا کہ بندہ جن گناہوں میں مبتلا تھا، ان سے توبہ کا طریقہ یہ ہے دیکھا جائے کہ اس گناہ کا تعلق اللہ کے حقوق سے ہے یا بندوں کے حقوق سے؟ اگر اللہ تعالیٰ کے حقوق میں سے کوئی حق ہے، جیسا کہ ترکِ نماز کا مرتکب تھا تو اس گناہ سے توبہ اس وقت تک صحیح نہیں ہو سکتی، جب تک قلبی ندامت کے ساتھ فوت شدہ نمازوں کی قضا نہ پڑھ لے، اسی طرح روزہ اور زکوٰۃ وغیرہ کا معاملہ ہے کہ جب تک سابقہ روزوں اور زکوٰۃ کی ادائیگی نہیں کرے گا، اس وقت تک اس کی توبہ کامل نہیں ہوگی۔ اگر گناہ کسی کو ناحق قتل کا ہے تو اپنے آپ کو قصاص کے لیے پیش کرے، اگر اولیاء مقتول نے اس کا مطالبہ کیا ہے تو، ورنہ دیت ادا کرے۔ اگر کسی پر ایسی جھوٹی تہمت لگائی ہے جس سے "حد" لازم آتی ہے تو اپنے آپ کو اس کے لیے پیش کرے۔ اگر قتل اور تہمت میں اسے معاف کر دیا گیا تو اخلاص کے ساتھ ندامت اور آئندہ نہ کرنے کا

عزم کافی ہو جائے گا۔ اسی طرح چور، ڈاکو، شرابی اور زانی بھی توبہ کرلیں اور ان گناہوں کو ترک کریں اور پنی اصلاح کریں تو ان کی توبہ درست ہو جائے گی۔

اگر گناہ کا تعلق حقوق العباد سے ہے تو اگر قدرت رکھتا ہو تو فوراً صاحب حق کا حق ادا کر دے، اگر فوری ادائیگی کی قدرت نہ ہو تو جتنی جلدی ممکن ہو قدرت ہونے پر ادائیگی کا عزم کرلے۔ اگر کسی مسلمان کو نقصان پہنچانے کا سبب اختیار کیا ہے تو فوری طور سے اس سببِ نقصان کو زائل کر دے، پھر اس مسلمان بھائی سے معافی طلب کرے اور اس کے لیے استغفار بھی کرے، اور اگر صاحب حق نے اس کو معاف کر دیا تو یہ اس گناہ سے بری ہو جائے گا۔ اسی طرح اگر کسی دوسرے کو کسی بھی طرح کا ضرر پہنچایا تھا یا ناحق اسے ستایا تھا اور اس صاحب حق سے نادم ہو کر معافی مانگی، اور آئندہ ایسا نہ کرنے کا عزم بھی ہو اور برابر اس سے معافی طلب کرتا رہا، یہاں تک اس مظلوم نے اسے معاف کر دیا تو اس کے وہ گناہ معاف ہو جائیں گے۔ (تفسیر القرطبی: ۱۸/ ۱۹۹، ۲۰۰)

یہی حال باقی تمام معاصی و گناہوں کا ہے کہ اگر حقوق اللہ سے تعلق ہے تو ذکر کردہ شرائط کے مطابق توبہ کرے اور اگر بندوں کے حقوق کا معاملہ ہو تو مذکورہ طریقۂ توبہ کو اپنانے کے ساتھ حقوق کی ادائیگی کرے یا معاف کروائے۔ سلفِ صالحین کا طرزِ عمل سلفِ صالحین کی رائے یہ کہ جس شخص کی موت کسی نیک عمل جیسے رمضان کے روزے یا حج یا عمرہ کے بعد واقع ہو جائے تو اللہ کی رحمت سے امید ہے کہ وہ جنت میں جائے گا۔ خود اکابرین سلفِ صالحین عمر بھر نیک اعمال میں صَرف کرنے کے باوجود موت کے وقت توبہ واستغفار کا اہتمام کرتے اور اپنا عمل استغفار اور کلمہ طیبہ "لا الٰہ الا اللہ" پر ختم کیا کرتے تھے۔

علاء بن زیاد کا جب آخری وقت آپہنچا تو رونے لگے، کسی نے ان سے رونے کی وجہ

پوچھی تو فرمایا: اللہ کی قسم! میری یہ خواہش و چاہت ہے کہ توبہ کے ذریعے موت کا استقبال کروں۔ ان سے عرض کیا گیا کہ اللہ آپ پر رحم فرمائے، آپ ایسا کرلیں، انہوں نے وضو کے لیے پانی منگوایا، وضو کیا، پھر نئے کپڑے منگوائے، انہیں زیب تن کیا، پھر قبلہ کی جانب رخ کر کے اپنے سر کو دو مرتبہ جھکایا، پھر پہلو کے بل لیٹ گئے اور روح پرواز کرگئی۔

عامر بن عبد اللہؒ وقتِ اجل رونے لگے اور فرمانے لگے: ایسے ہی وقت کے لیے عمل کرنے والے عمل کرتے ہیں۔ اے! اللہ! میں آپ سے اپنی کمی اور کوتاہی کی معافی چاہتا ہوں اور اپنے تمام گناہوں سے توبہ کرتا ہوں، پھر اس کے بعد مسلسل "لا اِلٰہ اِلا اللّٰہ" کا ورد کرتے رہے، یہاں تک کہ روح قفسِ عنصری سے پرواز کرگئی۔

عمرو بن العاصؓ نے موت کے وقت فرمایا: اے اللہ! آپ نے ہمیں طاعت کا حکم دیا، ہم نے اس کی کوتاہی کی اور آپ نے معاصی سے منع کیا ہم ان کا ارتکاب کر بیٹھے، ہمارے لیے سوائے آپ کی معافی و مغفرت کے اور کوئی چارہ کار نہیں، پھر اس کے بعد "لا اِلٰہ اِلا اللّٰہ" کا ورد کرتے رہے، یہاں تک کہ موت نے آلیا۔

توبہ کی دعوت

برادرانِ عزیز! آج انسان گناہ و معاصی کے بحرِ عمیق میں ڈوبا ہوا ہے، نفس بشر خطا و لغزش سے بچا ہوا نہیں، لیکن مایوس ہونے کی قطعاً ضرورت نہیں، ہر وہ شخص جس نے گناہ و معصیت کے ذریعے اپنے نفس پر ظلم و زیادتی کی ہے، اسے اس بات کی خوشخبری ہو کہ اللہ پاک اپنے پاک کلام میں انہیں توبہ و رجوع کی دعوت بھی دے رہے ہیں اور یہ اعلان بھی فرما رہے ہیں کہ وہ تمام گناہوں کو معاف کرنے والے ہیں۔ قرآن میں اللہ تعالیٰ کا ارشادِ گرامی ہے:

" قُلْ يَا عِبَادِيَ الَّذِينَ أَسْرَفُوا عَلَىٰ أَنفُسِهِمْ لَا تَقْنَطُوا مِن رَّحْمَةِ اللَّهِ ۚ إِنَّ اللَّهَ يَغْفِرُ الذُّنُوبَ جَمِيعًا ۚ إِنَّهُ هُوَ الْغَفُورُ الرَّحِيمُ وَأَنِيبُوا إِلَىٰ رَبِّكُمْ وَأَسْلِمُوا لَهُ مِن قَبْلِ أَن يَأْتِيَكُمُ الْعَذَابُ ثُمَّ لَا تُنصَرُونَ "۔(الزمر:۵۳-۵۴)

ترجمہ:۔۔" کہہ دے: اے میرے بندو! جنہوں کہ زیادتی کی ہے اپنی جان پر، آس مت توڑو اللہ کی مہربانی سے، بے شک اللہ بخشتا ہے سب گناہ، وہ جو ہے وہی گناہ معاف کرنے والا مہربان ہے، اور رجوع ہو جائو اپنے رب کی طرف اور اس کی حکم برداری کرو پہلے اس سے کہ آئے تم پر عذاب، پھر کوئی تمہاری مدد کو نہ آئے گا۔

(ترجمہ از شیخ الہندؒ)

ایک اور جگہ ارشاد ربانی ہے:

"وَإِنِّي لَغَفَّارٌ لِّمَن تَابَ وَآمَنَ وَعَمِلَ صَالِحًا ثُمَّ اهْتَدَىٰ "۔(طہ:۸۲) ترجمہ) اور میری بڑی بخشش ہے اس پر جو توبہ کرے اور یقین لائے اور کرے بھلے کام، پھر راہ پر رہے۔ (ترجمہ از شیخ الہندؒ) حضرت ابنِ عباس r اس آیت کی تفسیر میں فرماتے ہیں:" مَن آیس عبادَ اللہ بعد ھذا فقد جحد کتابَ اللہ "۔(تفسیر ابن کثیر:۷/۱۰۸)

ترجمہ:" جس نے اس کے بعد اللہ کے بندوں کو توبہ سے مایوس کیا تو گویا اس نے کتاب اللہ کا انکار کیا"۔

حماد بن سلمہؒ جب سفیان ثوریؒ کی عیادت کے لیے آئے تو ان سے پوچھا کہ اللہ تعالیٰ میرے جیسے کی مغفرت فرمائیں گے؟ تو حماد بن سلمہؒ نے فرمایا: اللہ کی قسم! اگر مجھے اللہ اور اپنے والدین میں کسی ایک کا محاسبہ اختیار کرنے کا کہا جائے تو میں اللہ کے محاسبہ کو اختیار کروں گا، اس لیے کہ اللہ تعالیٰ میرے ساتھ میرے والدین سے زیادہ رحم کرنے والے ہیں۔

ابنِ قدامہؒ نے "کتاب التوابین" میں ایک نوجوان کا قصہ نقل کیا ہے کہ رجاء بن سور کہتے ہیں: ایک دن صالح کی مجلس میں بیٹھے ہوئے تھے اور وہ گفتگو فرمارہے تھے، انہوں نے اپنے پاس بیٹھے ہوئے ایک نوجوان سے کہا: اے نوجوان (قرآن میں سے) پڑھو، اس نے اللہ تعالیٰ کے اس ارشاد کی تلاوت کی: "وَ اَنْذِرْهُمْ یَوْمَ الْاٰزِفَةِ اِذِ الْقُلُوْبُ لَدَی الْحَنَاجِرِ کٰظِمِیْنَ مَا لِلظّٰلِمِیْنَ مِنْ حَمِیْمٍ وَّلَا شَفِیْعٍ یُّطَاعُ"۔ (غافر:۱۸) ترجمہ:۔۔۔" اور خبر سنادے ان کو اس نزدیک آنے والے دن کی جس وقت دل پہنچیں گے گلوں کو تو وہ دبا رہے ہوں گے، کوئی نہیں گناہ گاروں کا دوست اور نہ سفارشی کہ جس کی بات مانی جائے۔ (ترجمہ از شیخ الہندؒ)

شیخ صالحؒ نے آیت کی تفسیر میں فرمایا: جب رب العٰلمین خود لوگوں سے مطالبہ کرنے والے ہوں تو اس دن ظالموں کے لیے کیسے کوئی دوست سفارش کرنے والا ہوگا؟ اگر تم لوگ وہ منظر دیکھ لو کہ جب گناہ گاروں کو زنجیروں اور بیڑیوں میں جکڑ کر ننگے پیر اور برہنہ حال جہنم کی طرف لایا جائے گا، ان کے چہرے سیاہ اور آنکھیں پیلی اور جسم خوف سے پگھلے جارہے ہوں گے اور وہ پکار رہے ہوں گے: اے ہماری ہلاکت! اے ہماری موت! یہ ہمارے ساتھ کیا ہوا؟ ہمیں کہاں لے جایا جارہا ہے؟، وہ کیا ہی منظر ہوگا جب ملائکہ انہیں آگ کی لگاموں کے ذریعے ہانکتے لے جارہے ہوں گے، کبھی منہ کے بل انہیں گھسیٹا جارہا ہوگا اور کبھی اس حال میں کہ وہ خون کے آنسو رو رہے ہوں گے، دل ان کے حیران اور وہ تکلیف سے چلارہے ہوں گے، وہ ایک ایسا خوفناک منظر ہوگا کہ کوئی آنکھ اسے دیکھنے کی متحمل نہیں ہوسکتی، کسی دل میں اتنا حوصلہ نہیں کہ بے قرار نہ ہو اور قدم اس دن کی شدت کی وجہ سے بے قابو ہوں گے۔ پھر روتے ہوئے فرمانے لگے: کیا ہی برا منظر اور کیا ہی برا انجام ہوگا۔ ان کے ساتھ سامعین بھی رونے لگے، حاضرین مجلس

میں ایک گناہ و مستی میں ڈوبا ہوا جوان بھی بیٹھا ہوا تھا، اس نے شیخ کی یہ گفتگو سن کر کہا: اے ابو البشر! کیا یہ سارا کچھ جو آپ نے بیان کیا قیامت کے دن ہو گا؟ شیخ نے فرمایا، ہاں! اے میرے بھتیجے! اس سے بھی بڑھ کر حالات ہوں گے، مجھے یہ بات پہنچی ہے کہ وہ آگ میں چیخ رہے ہوں گے، یہاں تک کہ چیختے چیختے ان کی آواز بیٹھ جائے گی اور عذاب کی شدت کی وجہ سے صرف ایک بھنبھناہٹ باقی رہ جائے گی۔

اس غافل جوان نے یہ سن کر ایک چیخ ماری اور کہا: اے اللہ! ہائے میری زندگی کے غفلت کے ایام، ہائے میرے آقا و مولا! میں نے اطاعت میں کوتاہی سے کام لیا، ہائے افسوس! میں نے اپنی عمر دنیا کی فانی زندگی کے لیے برباد کر دی، اس کے بعد اس جوان نے رونا شروع کر دیا اور قبلہ رخ ہو کر کہنے لگا: اے اللہ! آج میں ایسی توبہ کے ساتھ آپ کی طرف رجوع کرتا ہوں جس میں کسی ریا کا شائبہ نہیں۔ اے اللہ! میری توبہ قبول فرما اور میرے سابقہ معاصی کو معاف فرما اور میری لغزشوں سے در گزر فرما! مجھ پر اور حاضرین مجلس پر رحم فرما اور اپنا فضل و کرم ہمارے شامل حال فرما۔ اے ارحم الرّٰحمین! اے اللہ! آپ کے لیے میں اپنی گردن سے گناہوں کے بار اتار پھینکتا ہوں اور اپنے تمام اعضاء و جوارح اور سچے دل کے ساتھ رجوع کرتا ہوں۔ اے اللہ! اگر آپ میری توبہ قبول نہیں کریں گے تو یہ میری ہلاکت اور بربادی ہے، اس کے بعد وہ جوان بے ہوش ہو کر گر پڑا، اُسے وہاں سے منتقل کیا گیا۔ شیخ صالح اپنے ساتھیوں کے ساتھ کچھ دنوں تک اس کی عیادت کرتے رہے، پھر اس جوان کا انتقال ہوا، اس جوان کے جنازہ میں خلقِ خدا نے شرکت کی، وہ روتے ہوئے اس کے لیے دعائے مغفرت کر رہے تھے۔

شیخ صالح گاہے بگاہے اس جوان کا اپنی مجلس میں تذکرہ کرتے اور فرماتے: میرے والدین اس پر قربان ہوں، یہ قرآن کا قتیل ہے، یہ وعظ اور غم و حزن کا قتیل ہے (یعنی

قرآن کی اس آیت اور اس کی تفسیر نے اس نوجوان پر اتنا اثر ڈالا کہ وہ قیامت کے دہشت ناک احوال کے خوف سے جان سے گزر گیا) راوی کہتے ہیں کہ ایک شخص نے موت کے بعد ان کو خواب میں دیکھا تو ان سے پوچھا کہ تمہارا کیا بنا؟ اس نے کہا کہ شیخ صالح کی مجلس کی برکت میرے شامل حال رہی اور میں اللہ کی وسیع رحمت میں داخل ہوا، یعنی میری مغفرت کر دی گئی۔ اللہ تعالیٰ ہم سب مسلمانوں کو گناہ کو گناہ سمجھ کر اس سے بچنے اور سچی توبہ کی توفیق دے اور تمام امتِ مسلمہ کی مغفرت فرمائے۔ (آمین)

٭ ٭ ٭

گناہ اور معصیت! مصائب و آفات اور پریشانیوں کا سبب
محمد شفیق الرحمن علوی

مختلف انسان مختلف قسم کی پریشانیوں میں گرفتار و مبتلا رہتے ہیں: کسی کو جانی پریشانی لاحق ہوتی ہے تو کسی کو مالی، کسی کو منصب کی پریشانی ہوتی ہے تو کسی کو عزت و آبرو کی، امیر اپنی کوٹھی میں پریشان تو غریب جھونپڑی میں، کوئی روزگار اور حالات سے نالاں تو کوئی عزیز و اقارب اور دوست و احباب سے شاکی۔ تقریباً ہر آدمی کسی نہ کسی فکر، بے سکونی اور پریشانی میں مبتلا ہے۔ دلی سکون، قرار اور اطمینان حاصل کرنے کے لیے ہر ایک اپنے ذہن اور اپنی سوچ کے مطابق اپنی پریشانیوں کی از خود تشخیص کر کے ان کے علاج میں لگتا ہے۔ کوئی اقتدار، منصب یا عہدہ میں سکون تلاش کرتا ہے، مگر جب اُسے مطلوبہ منصب مل جاتا ہے تو پتہ چلتا ہے کہ اس میں تو سکون نام کی کوئی چیز ہی نہیں، بلکہ منصب کی ذمہ داریوں اور منصب کے زوال کے اندیشوں کی صورت میں اور زیادہ تفکرات ہیں۔ کسی نے سمجھا کہ سکون صرف مال و دولت کی کثرت و فراوانی میں ہے، مگر حقیقت یہ ہے کہ جن لوگوں کو یہ مال و دولت حاصل ہوا، اُن میں سے اکثر کا حال یہ ہے کہ کاروباری تفکرات، ترقی کا شوق، دن بدن بڑھتی ہوئی حرص اور تجارت میں نقصان کے اندیشوں سے اُن کی راتوں کی نیند حرام ہے، الا ماشاء اللہ۔ کسی نے رقص و سرود اور شراب و کباب کو باعثِ سکون جانا، مگر وقتی اور عارضی لذت کے بعد پھر بھی بے چینی اور

اضطراب برقرار۔ کسی نے منشیات کا سہارا لیا، مگر اس میں بھی صرف عارضی دل بہلاوا، عارضی فائدہ اور دائمی نقصان۔ کسی نے نت نئے فیشن کر کے دل بہلانے کی کوشش کی، مگر سکون و قرار نہ ملا۔ جبکہ ایک طبقہ (دینی ذہن رکھنے والوں) کا یہ خیال ہے کہ مختلف پریشانیوں اور مصیبتوں سے بچاؤ کا اصل طریقہ اور اُن کا حقیقی علاج صرف ایک ہی ہے، اور وہ یہ کہ اپنے آپ کو گناہگار، خطاکار، نافرمان اور قصوروار سمجھتے ہوئے اللہ تعالیٰ سے معافی مانگی جائے اور گناہوں کو چھوڑ کر اللہ تعالیٰ کو راضی کر لیا جائے، کیونکہ سکون وراحت کے سب خزانے اللہ تعالیٰ کے پاس ہیں، وہی ان کا مالک ہے، جب مالک راضی ہو گا تو خوش ہو کر اپنی مملوکہ چیز (سکون وراحت) اپنے فرمانبردار بندوں کو عطا کرے گا اور وہ مالک راضی ہوتا ہے نافرمانی اور گناہوں کو چھوڑنے اور فرمانبرداری اختیار کرنے سے۔ ہر آدمی جانتا ہے کہ ہر اچھے یا بُرے عمل کا ردعمل ضرور ہوتا ہے، دنیا میں پیش آنے والے حالات پر سب سے زیادہ اثر انداز ہونے والی چیز انسان کے اچھے یا بُرے اعمال ہیں جن کا براہِ راست تعلق اللہ تعالیٰ کی خوشنودی اور ناراضی سے ہے۔

کسی واقعہ اور حادثہ کے طبعی اسباب جنہیں ہم دیکھتے، سُنتے اور محسوس کرتے ہیں، وہ کسی اچھے یا برے واقعہ کے لیے محض ظاہری سبب کے درجہ میں ہیں۔ سادہ لوح لوگ حوادث وآفات کو صرف طبعی اور ظاہری اسباب سے جوڑتے اور پھر اِسی اعتبار سے اُن حوادث سے بچاؤ کی تدابیر کرتے ہیں۔ شرعی تعلیمات کی روشنی میں بحیثیت مسلمان ہمیں یہ اعتقاد رکھنا ضروری ہے کہ یہ سب کچھ اللہ تعالیٰ کے حکم اور امر سے ہوتا ہے، جس کا عقل اور حواس خمسہ کے ذریعہ ادراک کرنے سے ہم قاصر ہیں، وحی الٰہی اور انبیاءؑ کے ذریعہ اللہ تعالیٰ نے جزاء وسزا کا جو نظام سمجھایا ہے، وہ ہمیں اس غیبی نظام کے بارے میں آگاہ کرتا ہے، وہ یہ کہ کسی بھی واقعہ اور حادثہ کا اصل اور حقیقی سبب اللہ تعالیٰ کی رضا

مندی اور ناراضی ہے۔ اللہ تعالیٰ نے حالات کو (خواہ اچھے ہوں یا بُرے) انسانی اعمال سے جوڑا اور وابستہ فرمایا ہے، چنانچہ انسان کے نیک و بد اعمال کی نوعیت کے اعتبار سے احوال مرتب ہوتے ہیں: صحت و مرض، نفع و نقصان، کامیابی و ناکامی، خوشی و غمی، بارش و خشک سالی، مہنگائی و ارزانی، بدامنی و دہشت گردی، وبائی امراض، زلزلہ، طوفان، سیلاب وغیرہ، وغیرہ، یہ سب ہمارے نیک و بد اعمال کا ہی نتیجہ ہوتے ہیں۔

بالفاظِ دیگر: ان سب احوال کے ظاہری اسباب کچھ بھی ہوں، مگر حقیقی اسباب ہمارے نیک و بد اعمال ہوتے ہیں۔ اس طرح کے خوفناک اور عبرت انگیز واقعات (خواہ انفرادی ہوں یا اجتماعی) دراصل اللہ تعالیٰ کی طرف سے "الارم" اور "تنبیہ" ہوتے ہیں، تاکہ انسان اپنے اعمال کا محاسبہ کرے اور کوئی تنبیہ اس کے غفلت شعار دل کو جُنبش دینے میں کامیاب ہو جائے: جب بھی میں کہتا ہوں:

اے اللہ! میرا حال دیکھ حکم ہوتا ہے کہ اپنا نامۂ اعمال دیکھ دُنیا میں پیش آمدہ اچھے یا بُرے واقعات سے حاصل ہونے والا انسانی تجربہ بھی اسی پر شاہد ہے کہ بہت سارے لوگوں اور قوموں پر اللہ تعالیٰ کی نافرمانی کی وجہ سے دُنیا میں ہی مختلف قسم کے عذاب آئے ہیں، مثلاً: کوئی مسخ کیا گیا، کوئی زمین میں دھنسایا گیا، کوئی دریا میں غرق کیا گیا، کوئی طوفان کی نذر ہوا۔ ان تباہ شدہ اقوام کی بستیوں کے کھنڈرات آج بھی اس حقیقت پر دال ہیں کہ نافرمانی سببِ عذاب و پریشانی ہے۔ اللہ تعالیٰ نے قرآن مجید اور حضور ﷺ نے احادیثِ مبارکہ میں اعمال کی حسبِ نوعیت تاثیرات کو (جیسی کرنی ویسی بھرنی کے بمصداق) مختلف پہلوؤں اور طریقوں سے بیان فرمایا ہے، امت کو بد عملیوں کے بُرے نتائج سے آگاہ فرما کر اعمال کی اصلاح کا حکم دیا ہے، چنانچہ یہ مضمون قرآن کریم کی دسیوں آیات اور حضور ﷺ کی سینکڑوں احادیث سے صراحۃً ثابت ہے۔

اللہ تعالیٰ کا ارشاد ہے: ا:۔۔۔"مَنْ عَمِلَ صَالِحًا مِّنْ ذَكَرٍ أَوْ أُنْثَىٰ وَهُوَ مُؤْمِنٌ فَلَنُحْيِيَنَّهُ حَيٰوةً طَيِّبَةً"۔ (النحل:۹۷) ترجمہ:۔۔۔"جو کوئی نیک کام کرے گا، خواہ مرد ہو یا عورت، بشرطیکہ صاحبِ ایمان ہو، تو ہم اُسے پاکیزہ (یعنی عمدہ) زندگی دیں گے"۔

اس آیت میں اللہ تعالیٰ کا فرمان ہے کہ نیکی پُر سکون زندگی کا سبب ہے، چنانچہ دو چیزوں (ایمان اور اعمال صالحہ) کے موجود ہونے پر اللہ تعالیٰ نے "حیٰوۃ طیبۃ" یعنی بالطف، عمدہ اور پُر سکون زندگی عطا فرمانے کا وعدہ کیا ہے۔ عام آدمی بھی یہ آیت پڑھ کر یہ نتیجہ نکال سکتا ہے کہ ایمان اور اعمال صالحہ نہ ہوں یا کوئی ایک نہ ہو تو "حیٰوۃ طیّبۃ" یعنی "پُر سکون زندگی" نصیب نہ ہو گی، بلکہ "پریشان زندگی" ہو گی۔

۲:۔۔۔"وَمَنْ أَعْرَضَ عَنْ ذِكْرِي فَإِنَّ لَهُ مَعِيشَةً ضَنْكًا وَّنَحْشُرُهُ يَوْمَ الْقِيَامَةِ أَعْمٰى"۔" (طٰہ:۱۲۴) ترجمہ:۔۔۔"اور جو شخص میرے ذکر (نصیحت) سے اعراض کرے گا تو اس کے لیے (دنیا اور آخرت میں) تنگی کا جینا ہو گا۔" مطلب یہ ہے کہ جس نے اللہ تعالیٰ کے احکام کی تعمیل نہ کی، بلکہ نافرمانی کی تو اللہ تعالیٰ اس پر دنیا کی زندگی تنگ کر دیں گے، ظاہری طور پر مال و دولت، منصب و عزت مل بھی جائے تو قلب میں سکون نہیں آنے دیں گے، اس طور پر کہ ہر وقت دنیا کی حرص، ترقی کی فکر اور کمی کے اندیشہ میں بے آرام رہے گا۔ اس آیت سے بھی یہی ثابت ہوا کہ "نافرمانی سببِ پریشانی اور فرمانبرداری سببِ سکون ہے"۔

۳:۔۔۔"ظَهَرَ الْفَسَادُ فِي الْبَرِّ وَالْبَحْرِ بِمَا كَسَبَتْ أَيْدِي النَّاسِ لِيُذِيقَهُمْ بَعْضَ الَّذِي عَمِلُوا لَعَلَّهُمْ يَرْجِعُونَ"۔ (الروم:۴۱)

ترجمہ:۔۔۔"خشکی اور تری میں لوگوں کے ہاتھوں کی کمائی (اعمال) کے سبب خرابی پھیل رہی ہے، تاکہ اللہ تعالیٰ اُن کے بعض اعمال کا مزہ انہیں چکھا دے، تاکہ وہ باز

آجائیں"۔

۴:۔۔۔"وَمَآ اَصَابَکُمْ مِّنْ مُّصِیْبَۃٍ فَبِمَا کَسَبَتْ اَیْدِیْکُمْ وَیَعْفُوْا عَنْ کَثِیْرٍ"۔ (الشوریٰ:۳۰) ترجمہ:۔۔۔"اور تم کو جو کچھ مصیبت پہنچتی ہے تو وہ تمہارے ہی ہاتھوں کے کیے کاموں سے (پہنچتی ہے) اور بہت سارے (گناہوں) سے تو وہ (اللہ تعالیٰ) درگزر کر دیتا ہے"۔ ان دونوں آیات سے معلوم ہوا کہ مصیبت اور فساد کا سبب خود انسان کے اپنے کیے ہوئے بُرے اعمال ہیں، اور یہ بھی بآسانی سمجھ میں آرہا ہے کہ: اگر بُرے اعمال نہ ہوں تو یہ مصائب، آفات اور فسادات وغیرہ بھی نہ ہوں گے۔ نتیجہ یہی نکلا کہ "نافرمانی سببِ پریشانی اور فرمانبرداری سببِ سکون ہے"۔

۵:۔۔۔"وَلَوْ اَنَّ اَہْلَ الْقُرٰیٓ اٰمَنُوْا وَاتَّقَوْا لَفَتَحْنَا عَلَیْہِمْ بَرَکَاتٍ مِّنَ السَّمَآءِ وَالْاَرْضِ وَلٰکِنْ کَذَّبُوْا فَاَخَذْنٰہُمْ بِمَا کَانُوْا یَکْسِبُوْنَ"۔ (الاعراف:۹۶) ترجمہ:۔۔۔"اور اگر ان بستیوں والے ایمان لے آتے اور تقویٰ اختیار کرتے تو ہم ان پر آسمان اور زمین سے برکتیں کھول دیتے، لیکن انہوں نے جھٹلایا تو ہم نے ان کے اعمال کی وجہ سے ان کو پکڑ لیا"۔ یعنی ایمان اور تقویٰ (اعمالِ صالحہ) برکت و خوشحالی کا ذریعہ اور بُرے اعمال عذاب و پکڑ اور پریشانی کا سبب ہیں۔

۶:۔۔۔"وَیٰقَوْمِ اسْتَغْفِرُوْا رَبَّکُمْ ثُمَّ تُوْبُوْٓا اِلَیْہِ یُرْسِلِ السَّمَآءَ عَلَیْکُمْ مِّدْرَارًا وَّیَزِدْکُمْ قُوَّۃً اِلٰی قُوَّتِکُمْ وَلَا تَتَوَلَّوْا مُجْرِمِیْنَ"۔ (ہود:۵۲) ترجمہ:۔۔۔"اور اے میری قوم! تم اپنے گناہ اپنے رب سے معاف کراؤ اور اس کے سامنے توبہ کرو، وہ تم پر خوب بارش برسائے گا او رتم کو قوت دے کر تمہاری قوّت میں زیادتی کرے گا اور مجرم رہ کر اعراض مت کرو"۔

۷:۔۔۔"فَقُلْتُ اسْتَغْفِرُوْا رَبَّکُمْ اِنَّہٗ کَانَ غَفَّارًا، یُرْسِلِ السَّمَآءَ عَلَیْکُمْ مِّدْرَارًا، وَّیُمْدِدْکُمْ بِاَمْوَالٍ وَّبَنِیْنَ وَیَجْعَلْ لَّکُمْ جَنّٰتٍ وَّیَجْعَلْ لَّکُمْ اَنْہٰرًا۔" (نوح:۱۲) ترجمہ:۔۔۔"تو میں نے کہا

کہ: گناہ بخشواؤ اپنے رب سے، بے شک وہ بخشنے والا ہے، تم پر آسمان کی دھاریں (تیز بارشیں) برسائے گا اور بڑھادے گا تم کو مال اور بیٹوں سے اور بنادے گا تمہارے واسطے باغ اور بنادے گا تمہارے لیے نہریں"۔ ان دونوں آیات میں نعمتوں اور برکات کے حصول کا طریقہ گناہوں سے توبہ، استغفار اور تقویٰ کو بیان فرمایا ہے، جب معلوم ہوا کہ گناہوں کا چھوڑنا اور توبہ کرنا مال واولاد کی کثرت اور خوشحالی کا سبب ہے تو اس سے لازمی طور صاحبِ عقل وشعور یہی نتیجہ نکالے گا کہ "گناہ اور نافرمانی، نعمتوں میں کمی اور بدحالی کا سبب ہے"۔

۸:۔۔۔"وَمَنْ یَّتَّقِ اللّٰہَ یَجْعَلْ لَّہٗ مَخْرَجًا، وَیَرْزُقْہُ مِنْ حَیْثُ لَایَحْتَسِبُ"۔ (الطلاق:۳،۲) ترجمہ:۔۔۔"اور جو شخص اللہ تعالیٰ سے ڈرتا ہے، اللہ تعالیٰ اس کے لیے نجات کی شکل نکال دیتا ہے اور اس کو ایسی جگہ سے رزق پہنچاتا ہے، جہاں اس کا گمان بھی نہیں ہوتا"۔ اس آیت میں تقویٰ کو نجات اور وسعتِ رزق کا سبب بتایا ہے اور اس کا عکس یہی ہے کہ نافرمانی اور گناہ، پریشانیوں میں گرفتار ہونے اور قلتِ رزق اور نعمت میں کمی کا سبب ہے۔

۹:۔۔۔"وَضَرَبَ اللّٰہُ مَثَلًا قَرْیَۃً کَانَتْ اٰمِنَۃً مُّطْمَئِنَّۃً یَّاْتِیْھَا رِزْقُھَا رَغَدًا مِّنْ کُلِّ مَکَانٍ فَکَفَرَتْ بِاَنْعُمِ اللّٰہِ فَاَذَاقَھَا اللّٰہُ لِبَاسَ الْجُوْعِ وَالْخَوْفِ بِمَا کَانُوْا یَصْنَعُوْنَ"۔(النحل: ۱۱۲) ترجمہ:۔۔۔"اور بتائی اللہ نے ایک بستی کی مثال جو چین وامن سے تھے، چلی آتی تھی اس کی روزی فراغت سے ہر جگہ سے، پھر ناشکری کی اللہ کی نعمتوں کی، پھر مزہ چکھایا اس کو اللہ نے بھوک اور خوف کے لباس کا"۔ اگر غور کیا جائے تو یہ آیت درحقیقت ایک آئینہ ہے، جس میں ہر بستی اور ہر ملک والے اپنی حالت دیکھ اور جانچ سکتے ہیں۔ جس کی حالت اس بستی کی طرح ہے، وہ سمجھ لے کہ اُس سے غلطی بھی اُنہیں کی طرح ہوئی ہے۔ اپنے

ملک کے موجودہ حالات کو سامنے رکھتے ہوئے آیت کے ترجمہ کو دوبارہ پڑھیں اور غور کریں تو صاف پتہ چلے گا کہ ہم میں اور ان بستی والوں میں کوئی فرق نہیں ہے۔ اسلام کے نام پر وجود میں آنے والے اسلامی ملک پاکستان کے ساتھ مسلمانانِ پاکستان نے جو غیر اسلامی سلوک روا رکھا ہے، وہ اللہ تعالیٰ کی نعمت کی ناقدری ہے، جس کے نتیجہ میں ہم پر آج برے حالات مسلط ہیں۔ ہمارے وطنِ عزیز ملک پاکستان کے منجملہ بڑے مسائل میں سے دو مسئلے بہت خطرناک اور انتہائی پریشان کن ہیں۔

ا:۔۔۔ مہنگائی۔ ۲:۔۔۔ بدامنی اور دہشت گردی۔ اس آیت میں بھی ناشکری کی دو سزائیں مذکور ہیں، ہم نے بھی اللہ تعالیٰ کی نعمتوں کی ناشکری اور اُس کی نافرمانی کی ہے، اس لیے ہم ان حالات کا شکار ہیں۔ بہرحال قرآن مجید کی یہ آیت ٹھیک ہمارے حالات پر چسپاں ہوتی ہے کہ یہ سب کچھ ہمارے کرتوتوں کا نتیجہ ہے۔ بہت سی احادیث بھی صراحۃً اسی مضمون "نافرمانی سببِ پریشانی اور فرمانبرداری سببِ سکون" پر دلالت کرتی ہیں۔ "مشتے نمونہ از خروارے" یہاں چند احادیث پیش کی جاتی ہیں، حضرت ابن عمرؓ سے روایت ہے کہ:

ہم حضور ﷺ کی خدمت میں حاضر تھے، آپ ﷺ نے فرمایا: "اس وقت کیا ہوگا؟ جب پانچ چیزیں تم میں پیدا ہوجائیں گی اور میں اللہ تعالیٰ سے پناہ مانگتا ہوں کہ وہ تم میں پیدا ہوں یا تم ان (پانچ چیزوں) کو پاؤ، (وہ یہ ہیں): ا۔۔۔ بے حیائی: جسے کسی قوم میں علانیہ (ظاہراً) کیا جاتا ہو تو اس میں طاعون اور وہ بیماریاں پیدا ہوتی ہیں جو ان سے پہلوؤں میں نہیں تھیں۔ ۲۔۔۔ اور جو قوم زکوٰۃ سے رک جاتی ہے تو وہ (درحقیقت) آسمان سے ہونے والی بارش کو روکتی ہے اور اگر جانور نہ ہوتے تو ان پر بارش برستی ہی نہیں۔ ۳۔۔۔ اور جو قوم ناپ تول میں کمی کرتی ہے تو وہ قحط سالی، رزق کی تنگی اور بادشاہوں کے

ظلم میں گرفتار ہو جاتی ہے۔۴۔۔۔ اور امراء جب اللہ تعالیٰ کے نازل کردہ احکام کے بغیر فیصلے کرتے ہیں تو ان پر دشمن مسلط ہو جاتا ہے جو ان سے ان کی بعض چیزوں کو چھین لیتا ہے۔۵۔۔۔ اور جب اللہ تعالیٰ کی کتاب اور نبی ﷺ کی سنت کو چھوڑتے ہیں تو اللہ تعالیٰ ان کے آپس میں جھگڑے پیدا کر دیتا ہے"۔

(الترغیب، ج:۳، ص:۱۶۹)

مذکورہ حدیث میں مختلف گناہوں کو مختلف آفات و پریشانیوں کا سبب بتایا گیا ہے، اس قدر صراحت کے بعد بھی کیا اس حقیقت سے انکار ممکن ہے کہ: "نافرمانی سببِ پریشانی و عذاب ہے"؟۔ ایک اور روایت میں حضور اکرم ﷺ کا ارشاد ہے: "عبادَ اللّٰہ! لَتُسَوُّنَّ صفوفکم اَو لیخالفَنَّ اللّٰہُ بین وجوہکم۔" (مشکوٰۃ، ص:۹۷) ترجمہ:۔۔۔ "اے اللہ کے بندو! تم اپنی صفوں کو درست کرلو، ورنہ اللہ تعالیٰ تمہارے چہروں (یعنی دلوں) میں اختلاف پیدا کر دے گا"۔ مذکورہ حدیث میں صفوں کو سیدھا نہ کرنے کے فعل بد پر (جو ہے بھی بظاہر چھوٹا گناہ) آپس میں اختلافات پیدا ہونے کی وعید ہے، اس سے واضح طور پر سمجھ میں آتا ہے کہ بُرے اعمال سبب پریشانی ہیں۔

حضرت حسن بصریؒ سے منقول ایک حدیث میں ہے کہ: "اَعمالکم عمالکم وکما تکونوا یولی علیکم"۔ (کشف الخفاء ج:۱، ص:۱۴۷، بحوالہ طبرانی)

ترجمہ:۔۔۔ "تمہارے اعمال ہی (در حقیقت) تمہارے حاکم ہیں اور جیسے تم ہوگے ایسے ہی حاکم تم پر مسلّط ہوں گے"۔ یہ حدیث بھی اعمالِ بد کے برے نتائج برآمد ہونے پر دلالت کرتی ہے۔ چنانچہ برے اور ظالم حکمران بھی اعمالِ بد کی وجہ سے مسلط ہوتے ہیں۔ مناسب معلوم ہوتا ہے کہ صحابہ کرامؓ کے واقعات میں سے ایک واقعہ یہاں ذکر کر دیا جائے، جو مذکورہ مسئلہ پر دلالت کرتا ہے:

"حضرت عمرؓ کے دور خلافت میں ایک دفعہ مدینہ اور حجاز کے علاقہ میں زبردست قحط پڑا، حضرت عمرؓ نے مصروشام کے علاقہ سے کثیر مقدار میں غذائی اشیا منگوائیں، مگر قحط کسی طور پر کم نہ ہوا، ایک صحابی بلال بن حارث مزنیؓ کو خواب میں حضوراکرم ﷺ کی زیارت ہوئی، حضور ﷺ نے فرمایا: میں تو سمجھتا تھا کہ عمرؓ سمجھدار آدمی ہے! اس صحابیؓ نے حضرت عمرؓ کو خواب سنایا، حضرت عمرؓ بہت پریشان ہوئے اور نمازِ فجر کے بعد صحابہؓ سے دریافت کیا کہ کیا تم لوگوں نے میرے اندر حضور ﷺ کے بعد کوئی تبدیلی محسوس کی؟ صحابہؓ نے کہا: نہیں اور حضرت عمرؓ کی کچھ تعریف کی۔ حضرت عمرؓ نے خواب دیکھنے والے صحابیؓ کو فرمایا کہ اپنا خواب بیان کریں۔

خواب سن کر صحابہؓ نے فرمایا: امیر المؤمنین! رسول اللہ ﷺ اس جانب متوجہ فرمارہے ہیں کہ قحط کے حالات سے نمٹنے کے لیے آپ دنیا کے ظاہری اسباب تو اختیار فرمارہے ہیں، لیکن آپ نے اللہ تعالیٰ سے رجوع نہیں کیا، یعنی نمازِ استسقاء نہیں پڑھی، حضرت عمرؓ چونکہ حق قبول کرنے کا مزاج رکھتے تھے تو آپؓ نے نمازِ استسقاء ادا فرمائی اور ایسی بارش ہوئی کہ مدینہ کا طویل قحط دور ہوا۔

(البدایہ والنہایہ، ج:۷، ص:۲۰۴، ۲۰۳)

اس واقعہ پر غور کرنے سے یہی نتیجہ نکلے گا کہ اچھے اعمال کا اثر بھی اچھا اور بُرے اعمال کا اثر بھی بُرا ہوتا ہے، جیسا کہ مذکورہ واقعہ میں نمازِ استسقاء (جو نیک عمل ہے) کا اثر اچھا ہوا۔ اور اس واقعہ سے یہ بھی معلوم ہوا کہ مسائل صرف ظاہری اسباب سے حل نہیں ہوتے، بلکہ ان کے لیے باطنی اسباب بھی ضروری ہوتے ہیں۔ ممکن ہے کسی کو یہ تردّد اور اشکال ہو کہ عجیب بات ہے، پریشانی دنیوی ہے اور مشورہ دنیوی اسباب کے بجائے گناہوں اور نافرمانیوں کے چھوڑنے کا دیا جارہا ہے، یعنی بظاہر ان دونوں باتوں کا

آپس میں کوئی جوڑ معلوم نہیں ہوتا۔

اس اعتراض کا ایک جواب تو یہ ہے کہ جب اللہ تعالیٰ اور اس کے رسول ﷺ نے گناہوں کو پریشانی اور نیکی کو راحت واطمینان کا سبب قرار دے دیا تو ایک مسلمان کے ایمان کا تقاضا یہ ہے کہ عقل میں آئے یا نہ آئے، بلاتردّد "اٰمَنَّا وَصَدَّقْنَا" کہے اور بزبانِ حال یوں گویا ہو کہ: سرِ تسلیم خم ہے جو مزاجِ یار میں آئے کیونکہ جس ذات پر ایمان لائے ہیں، اس کا یہی فرمان ہے، اس لیے ماننے کے سوا چارۂ کار نہیں۔

دوسرا جواب عقلی لحاظ سے یہ ہے کہ مال ودولت، عزت ومنصب، صحت وتندرستی، راحت وسکون وغیرہ، یعنی دنیا کی ہر نعمت اللہ تعالیٰ کے خزانہ اور ملکیت میں ہے، جب ہر نعمت اللہ تعالیٰ کے خزانہ اور ملکیت میں ہے تو پھر سوچیے کہ کیا مالک (اللہ تعالیٰ) جس کے دربار میں نہ ہی چوری ممکن ہے اور نہ زبردستی سفارش، اس کو راضی کیے بغیر کچھ لیا جاسکتا ہے؟ نہیں، ہرگز نہیں! نتیجہ یہ نکلا کہ اللہ تعالیٰ کو راضی کرکے ہی پریشانیوں سے چھٹکارا اور راحت وسکون مل سکتا ہے۔ ایک شبہ یہ بھی کیا جاتا ہے کہ ہم دیکھتے ہیں: بعض اوقات نیک وصالح، دین دار، حتیٰ کہ بزرگ حضرات بھی مصیبت وپریشانی میں مبتلا ہو جاتے ہیں، حالانکہ وہ گناہوں سے بھی بچ رہے ہوتے ہیں، فرمانبرداری بھی کر رہے ہوتے ہیں، ایسا کیوں ہے؟۔

اس کا ایک جواب تو یہ ہے کہ یہ قاعدہ اکثریہ ہے یعنی اکثر پریشانیاں گناہوں اور نافرمانیوں کی وجہ سے آتی ہیں، مگر بعض ایسی بھی ہوتی ہیں جو بطورِ آزمائش ہوتی ہیں اور نتیجۃً نعمت کے حصول کا سبب بنتی ہیں، وہ اس طرح کہ بعض اوقات اللہ تعالیٰ اپنے نیک بندے کو کسی خاص اخروی درجہ اور مرتبہ پر فائز کرنا چاہتے ہیں، مگر وہ اپنی بشری کمزوری کی وجہ سے نیکیوں کی بنیاد پر اُس کا مستحق نہیں بن سکتا تو اللہ تعالیٰ اُس کے مرتبہ کو مزید

بڑھانے اور اونچا کرنے کے لیے دنیا کے اندر آزمائش (بیماری، پریشانی وغیرہ) میں مبتلا کر دیتے ہیں تو یہ مصیبت در حقیقت مصیبت نہیں ہوتی، بلکہ ایک طرح کی نعمت ہوتی ہے جو نتیجۃً رفعِ درجات کا سبب بنتی ہے، انبیاءؑ کی تکالیف اور آزمائشیں اسی قبیل سے ہیں، ان کی مثال اُس محنت کی طرح ہے جو کسی نعمت کے حصول میں کرنی پڑتی ہے، جیسے شہد کے حصول میں بعض اوقات شہد کی مکھی کے ڈنک سہنے پڑتے ہیں، تو اس طرح کی پریشانیاں دراصل شہد کی مکھی کے اُن ڈنکوں کی طرح ہیں جو بالآخر شہد جیسی نعمت کے حصول پر منتج ہوتے ہیں۔ اس شبہ کا دوسرا جواب یہ ہے کہ بعض اوقات ایسا ہوتا ہے کہ اس نیک بندے سے بشری کمزوری کی بنا پر کبھی کوئی گناہ سرزد ہو جاتا ہے، تو اللہ تعالیٰ جو بڑے رحیم و کریم ہیں، اپنے خاص بندے کے اس گناہ کو دنیا ہی میں دھونے کے لیے اُسے مصیبت میں مبتلا کر دیتے ہیں، تاکہ وہ آخرت کی بڑی رُسوائی اور بڑے عذاب سے بچ جائے، یہ بھی اللہ تعالیٰ کی رحمت کی ایک صورت ہے اور حقیقت یہ ہے کہ اللہ تعالیٰ کی حکمتوں کا احاطہ انسان نہیں کر سکتا۔

ان دو جوابات کا حاصل یہ ہے کہ انسان پر آنے والی پریشانی دو قسم کی ہوتی ہے: ایک پریشانی وہ ہوتی ہے جو اللہ تعالیٰ کا عذاب ہوتا ہے، جو اخروی عذاب کی ایک جھلک ہوتی ہے۔ اصل دارالجزاء تو آخرت ہے، دنیا دارالعمل ہے، مگر کبھی اللہ تعالیٰ اپنی حکمت سے اخروی عذاب کا ایک ادنیٰ سا نمونہ دنیا میں بھی دکھا دیتا ہے، تاکہ انسان نافرمانی سے باز آجائے، جیسا کہ قرآنِ کریم میں اللہ تعالیٰ کا ارشاد ہے: "وَلَنُذِيقَنَّهُم مِّنَ الْعَذَابِ الْأَدْنَىٰ دُونَ الْعَذَابِ الْأَكْبَرِ لَعَلَّهُمْ يَرْجِعُونَ۔" (السجدۃ:۲۱) "اور ہم ضرور ان کو قریب کا چھوٹا عذاب چکھائیں گے بڑے عذاب سے پہلے، تاکہ وہ لوٹ آئیں۔" اور پریشانی کی دوسری قسم وہ ہوتی ہے جو اللہ تعالیٰ کا عذاب نہیں ہوتی، بلکہ اس کی طرف سے

آزمائش ہوتی ہے جو رفع درجات یا گناہوں کے مٹنے کا ذریعہ بنتی ہے۔ اور یہ پریشانی اور تکلیف در حقیقت اللہ تعالیٰ کا فضل اور اس کی رحمت ہوتی ہے کہ اس چھوٹی سے تکلیف کے سبب اللہ تعالیٰ اپنے کمزور بندے کو آخرت کے بڑے عذاب سے بچا لیتے ہیں یا رفع درجات کی صورت میں آخرت کی بڑی نعمت عطا فرما دیتے ہیں۔

حتیٰ کہ ایک حدیث میں ہے کہ: "أشد الناس بلاء الأنبیاء ثم الأمثل فالأمثل۔" "سب سے زیادہ آزمائش انبیاءؑ پر آتی ہے، پھر جو اُن کے جس قدر زیادہ مشابہ ہو۔" یعنی انبیاء علیہم السلام پر زیادہ آزمائشیں آئیں اور پھر جس کا جس قدر اُن سے زیادہ تعلق ہو گا، زیادہ قرب ہو گا، زیادہ اتباع ہو گی، اس پر بھی آزمائشیں زیادہ آئیں گی، مگر خدانخواستہ انبیاء علیہم السلام پر آنے والی یہ تکالیف اور آزمائشیں کوئی سزا نہیں تھیں، بلکہ ان کے درجات کو مزید بلند کرنا مقصد تھا۔

ایک اعتراض یہ بھی کیا جاتا ہے کہ وہ نافرمان لوگ جو مال دار ہیں، بظاہر خوش نظر آتے ہیں۔ اس اعتراض کا جواب یہ ہے کہ یہ بات مسلم ہے کہ مالداری ایک نعمت ہے اور خوشی اور آرام کا ظاہری سبب ہے، مگر ضروری نہیں کہ جو مال دار ہو، وہ خوشحال اور پر سکون بھی ہو، کیونکہ بعض لوگوں کے پاس بظاہر مال و دولت اور سامانِ عیش و عشرت تو ہوتا ہے، مگر ان کا دل قناعت و توکل سے خالی ہونے کی بنا پر ہر وقت دنیا کی مزید حرص، ترقی کی فکر، اور کمی کے اندیشہ میں بے آرام رہتا ہے، ذرا اُن سے پوچھ کر تو دیکھئے کہ وہ راحت و آرام کے سارے اسباب اپنے پاس رکھنے کے باوجود سکونِ دل کی دولت سے کتنے محروم ہیں؟ ہاں! اگر کوئی ایک آدھ فرد ایسا مل جائے جو نافرمان ہونے کے باوجود بھی خوش ہو تو وہ شاذ و نادر مثال ہو گی اور شاذ و نادر کا اعتبار نہیں ہوتا، حکم اکثریت پر لگتا ہے اور حقیقت یہی ہے کہ نافرمانوں کی اکثریت پریشان ہی رہتی ہے۔ دراصل قلبی سکون اور

حقیقی اطمینان مال سے حاصل ہونے والی چیز ہی نہیں ہے، اس کا تعلّق اللہ تعالیٰ کی فرمانبرداری اوراس کے ذکر سے ہے، جیسا کہ ارشاد خداوندی ہے:" اَلَا بِذِکۡرِ اللّٰہِ تَطۡمَئِنُّ الۡقُلُوۡبُ "یعنی"خبردار اللہ تعالیٰ کے ذکر سے ہی دلوں کو اطمینان ہوتا ہے"۔

مگر ہم میں سے اکثر لوگ چونکہ ذکر اللہ کی لذت سے بالکل کورے ہیں، اس لیے ہمیں اس بات کا احساس نہیں ہوتا، دراصل ہم نے اس وادی میں قدم ہی نہیں رکھا، بقولِ شاعر: ذوقِ ایں بادہ ندانی بخدا تانہ چشی مذکورہ اعتراض کا یہ جواب بھی ہے کہ جو نافرمان بظاہر خوشحال ہیں، انہیں دراصل اللہ تعالیٰ کی طرف سے ڈھیل ہے، جو چند روزہ ہے، یہ چند روزہ خوشحالی لمبی پریشانی کا پیش خیمہ ہوتی ہے۔ جس خوشحالی کا انجام چند روز کے بعد دائمی تباہی ہو، اسے خوشحالی کہنا کہاں زیبا ہے؟ جیسے چوہا زہر ملی ہوئی چیز کھاکر خوش ہوتا ہے، مگر اس میں اس کی تباہی پوشیدہ ہوتی ہے۔

اصل نکتہ کی بات یہ ہے کہ سکون وراحت کا تعلّق صرف جسم سے نہیں ہے، بلکہ جسم کے ساتھ ساتھ روح بھی ان کا تقاضہ کرتی ہے، مادی وسائل اور راحت وسکون کے ظاہری اسباب جسم کو تو آرام دے سکتے ہیں، مگر روح کو قرار اور دل کو سکون بخشنا اُن کے بس کی بات نہیں۔ روح کی تسکین اور اس کی غذا عبادت اور ذکر اللہ ہیں، کیونکہ انسان کی فطری خواہش ہے کہ وہ کسی لافانی ذات کی بندگی کرے، اس فطری خواہش کی تسکین مادہ پرست زندگی کے اسباب ووسائل سے پوری نہیں ہوسکتی، روح کی تسکین کے لیے روحانی اسباب (اعمال صالحہ جیسے ذکر اللہ اور عبادت وغیرہ) کا اختیار کرنا ضروری ہے۔ ایک بزرگ نے یہی بات کیا ہی خوب صورت انداز میں بیان فرمائی ہے کہ:"یہ خدا ناآشنا زندگی کا لازمی خاصّہ ہے کہ اس کے شیدائی ایک انجانی سی بے قراری کا شکار رہتے ہیں، اس بے قراری کا ایک کرب انگیز پہلو یہ ہے کہ انہیں یہ بھی معلوم نہیں ہوتا کہ وہ بے

قرار کیوں ہیں؟ وہ ہمہ وقت اپنے دل میں ایک نامعلوم اضطرار اور پراسرار کسک محسوس کرتے ہیں، لیکن یہ اضطراب کیوں ہے؟ کس لیے ہے؟ وہ نہیں جانتے"۔ خلاصہ یہ کہ ہم پر جو پریشانیاں اور مصیبتیں آتی ہیں، وہ ہمارے اپنے ہی اعمال کا نتیجہ ہیں، لہٰذا پُر سکون اور پُراطمینان زندگی گزارنے کے لیے ضروری ہے کہ ہم انفرادی اور اجتماعی طور پر اپنی گزشتہ کوتاہیوں پر نادم ہو کر اللہ تعالیٰ سے ان پر معافی مانگیں، فی الفور نافرمانی چھوڑ کر آئندہ اپنے اعمال کی اصلاح کریں۔ واللہ الموفّق والمعین وبہ نستعین واٰخر دعوانا ان الحمد للہ رب العالمین

* * *

دنیا کے خسارے سے بچنے اور نفعِ عظیم حاصل کرنے کا قرآنی نسخہ

ڈاکٹر مفتی محمد نجیب قاسمی سنبھلی

"وَالْعَصْرِ اِنَّ الْاِنْسَانَ لَفِیْ خُسْرٍ اِلَّا الَّذِیْنَ اٰمَنُوْا وَعَمِلُوْا الصَّالِحَاتِ وَتَوَاصَوْا بِالْحَقِّ وَتَوَاصَوْا بِالصَّبْرِ۔"

ترجمہ: "قسم ہے زمانے کی کہ ہر انسان بڑے خسارے میں ہے، مگر وہ لوگ جو ایمان لائے، اور انہوں نے اچھے کام کیے، اور آپس میں تاکید کرتے رہے سچے دین کی، اور آپس میں تاکید کرتے رہے صبر و تحمل کی۔"

"سورۃ العصر" کی خاص فضیلت یہ قرآن کریم کی بہت مختصر سی سورت ہے، جس میں چودہ کلمات پر مشتمل صرف تین آیات ہیں، لیکن ایسی جامع ہے کہ بقول حضرت امام شافعی رحمۃ اللہ علیہ (۱۵۰ھ - ۲۰۴ھ) کہ: "اگر لوگ اس سورت کو غور و فکر اور تدبر کے ساتھ پڑھ لیں تو دین و دنیا کی درستی کے لیے کافی ہو جائے۔" (ابن کثیر)

حضرت عبد اللہ بن حصینؓ فرماتے ہیں کہ: "صحابۂ کرامؓ میں سے دو شخص آپس میں ملتے تو اس وقت تک جدا نہ ہوتے جب تک ان میں سے ایک دوسرے کے سامنے سورۃ العصر نہ پڑھ لے۔" (طبرانی)

{وَالْعَصْرِ}۔۔۔ اس سورت میں اللہ تعالیٰ نے "العصر" کی قسم کھائی ہے، جس سے

مراد زمانہ ہے، کیونکہ انسان کے تمام حالات، اس کی نشو ونما، اس کی حرکات وسکنات، اعمال اور اخلاق سب زمانے کے لیل ونہار میں ہی ہوں گے۔ جہاں تک قسم کا تعلق ہے، اللہ تعالیٰ کے کلام میں قسم کے بغیر بھی شک وشبہ کی کوئی گنجائش نہیں ہے، لیکن اللہ تعالیٰ بندوں پر رحم فرما کر، کسی حکم کی خصوصی تاکید اور اس کی اہمیت کی وجہ سے قسم کھا کر کوئی حکم بندوں کو کرتا ہے، تاکہ بندے اس حکم کی اہمیت کو سمجھ کر اس پر عمل پیرا ہوں اور حکم بجا لانے میں کوئی کوتاہی نہ کریں۔

البتہ یاد رکھیں کہ انسانوں کے لیے اللہ تعالیٰ کے نام کے علاوہ کسی چیز کی قسم کھانا جائز نہیں ہے، جیسا کہ نبی اکرم ﷺ کی واضح تعلیمات احادیث کی کتابوں میں موجود ہیں، مثلاً لوگوں کا کہنا تیرے سر کی قسم! یا تیری قسم! وغیرہ، اس طرح کے الفاظ کے ساتھ قسم کھانا جائز نہیں ہے۔ ویسے تو قسم کھانے سے ہی بچنا چاہیے، کیونکہ قسم کھا کر کوئی بات کہنا ترغیبی عمل نہیں ہے، لیکن اگر کسی موقع پر قسم کھانی ہی پڑے تو صرف اللہ کے نام کی قسم کھانی چاہیے۔ {اِنَّ الْاِنْسَانَ} میں الف لام جنس کے لیے ہے، جو استغراق کے معنی میں ہے، یعنی قیامت تک آنے والا ہر ہر انسان اس حکم میں داخل ہے، خواہ مرد ہو یا عورت، غریب ہو یا مالدار، طاقتور ہو یا کمزور، بوڑھا ہو یا نوجوان، بادشاہ ہو یا غلام۔

{لَفِیْ خُسْرٍ} قرآن کریم میں انسان کے نفس یا مال یا اہل وعیال یا دنیا و آخرت کے خسارہ کو متعدد جگہ ذکر کیا گیا ہے۔ اس آیت میں اشرف المخلوقات (انسان) کے خسارہ سے اللہ کی مراد کیا ہے؟ یہ سمجھنے کی ضرورت ہے۔

{اِنَّ الْاِنْسَانَ لَفِیْ خُسْرٍ} جملہ اسمیہ ہونے کی وجہ سے اس میں تاکید موجود ہے۔ عربی زبان میں لفظ "اِنَّ" کا استعمال تاکید کے لیے ہوتا ہے۔ اللہ تعالیٰ کا قسم کھا کر اس بات کو بیان کرنا شک وشبہ کی کسی گنجائش کو بالکل بھی ختم کر دیتا ہے۔ نفع میں کمی یا بالکل

نفع نہ ہونا نقصان کہلاتا ہے، لیکن اگر رأس المال (IPTAC) ہی ختم ہو جائے تو اُسے خسارہ کہتے ہیں۔ اس آیت میں صرف جان یا مال کا خسارہ مراد نہیں بلکہ انسانی خسارہ مراد ہے، جس کا کوئی بدل ممکن نہیں ہے، اسی لیے اللہ تعالیٰ نے قسم کھا کر بہت زیادہ تاکید کے ساتھ یہ بات بیان فرمائی ہے۔

اسی طرح اللہ تعالیٰ نے "سورۃ التین" میں چار چیزوں (انجیر، زیتون، طورِ سینا پہاڑ اور مکہ مکرمہ) کی قسم کھا کر ارشاد فرمایا: "ہم نے انسان کو بہترین سانچے میں ڈھال کر پیدا کیا ہے، پھر ہم اسے پستی والوں میں سب سے زیادہ نچلی حالت میں کر دیتے ہیں (یعنی جہنم میں پھینک دیتے ہیں) سوائے اُن کے جو ایمان لائے اور انہوں نے نیک عمل کیے، تو اُن کو ایسا اجر ملے گا جو کبھی ختم نہیں ہو گا۔"

غرض یہ کہ اگر ہم نے شیطان اور نفس کی خواہش کے خلاف اور اللہ کے احکام کے مطابق زندگی گزارنے کی کوشش نہیں کی تو ناکامی ہے۔ ہمیشہ ہمیشہ کی کامیابی کے حصول کے لیے سونے سے بھی زیادہ قیمتی چیز یعنی وقت کا صحیح استعمال کرنا پڑتا ہے۔ ہر سیکنڈ ہماری عمر کم ہو رہی ہے اور ہم برابر اپنی موت کے قریب ہوتے جا رہے ہیں، کسی بھی وقت موت کا فرشتہ ہماری روح قبض کرنے آسکتا ہے۔ ہمارا جو لمحہ بھی اللہ اور اس کے رسول کی نافرمانی میں گزر رہا ہے، وہ ہمیں خسارہ کی طرف لے جا رہا ہے۔ اس مختصر سورت میں انسان اور پوری کائنات کو پیدا کرنے والے نے زمانہ کی قسم کھا کر ارشاد فرمایا کہ: ہر انسان بڑے خسارے اور نقصان میں ہے۔

{اِلَّا الَّذِیْنَ اٰمَنُوْا وَعَمِلُوا الصّٰلِحٰتِ وَتَوَاصَوْا بِالْحَقِّ وَتَوَاصَوْا بِالصَّبْرِ} یعنی اس خسارے سے صرف وہی لوگ بچ سکتے ہیں جن کے اندر چار صفات موجود ہوں:

ا:۔۔۔ اللہ تعالیٰ اور رسول صلی اللہ علیہ وسلم پر اور رسولِ اکرم صلی اللہ علیہ وسلم کی تمام تعلیمات پر ایمان لانا اللہ پر ایمان لانے کا مطلب یہ ہے کہ اس بات کا دل سے یقین کرنا اور زبان سے اقرار کرنا کہ اللہ ہی اس پوری کائنات کو پیدا کرنے والا ہے۔ اسی نے انس و جن، آسمان، زمین، پہاڑ، سورج، چاند، ستارے، آگ، پانی، ہوا، جانور، پرند، درند، درخت اپنی قدرت سے پیدا کیے۔ وہی سارے جہاں کا پالن ہار ہے، اس کا کوئی شریک نہیں۔ نہ وہ کسی کی اولاد ہے اور نہ کوئی اس کی اولاد۔ وہ ہمیشہ سے ہے، ہمیشہ رہے گا۔ خشکی اور سمندر میں جو کچھ ہے، وہ اس سے واقف ہے۔

کسی درخت کا کوئی پتہ نہیں گرتا جس کا اُسے علم نہ ہو، اور زمین کی اندھیریوں میں کوئی دانہ یا کوئی خشک یا تر چیز ایسی نہیں ہے جو اس کے پاس ایک کھلی کتاب میں درج نہ ہو۔ ممکن ہے کہ ہماری عقلیں اس بات کو سمجھنے سے قاصر ہوں، مگر سینکڑوں دنیاوی اُمور سمجھنے نہ آنے کے باوجود ہم اُن کے آگے سر جھکا دیتے ہیں، مثلاً:

ہماری عقلیں یہ بھی سمجھنے سے قاصر ہیں کہ انسان دنیا میں کیوں آتا ہے؟ اور نہ جانے کی خواہش کے باوجود عمر کے کسی بھی حصہ میں چلا کیوں جاتا ہے؟ ہاں! ہماری عقلیں یہ ضرور تسلیم کرتی ہیں کہ ساری کائنات خود بخود پیدا نہیں ہوگئی، یقیناً ان ساری چیزوں کو پیدا کرنے والی ایک ذات ہے، وہی اللہ ہے، جس کو ہم اپنی عقلوں سے نہیں سمجھ سکتے، البتہ اللہ کی مخلوقات میں غور و فکر کر کے اللہ کی طاقت اور قدرت کو تسلیم کیے بغیر نہیں رہ سکتے، چنانچہ آج بھی دنیا کی آبادی کا بہت بڑا حصہ اللہ کی ذات کو ضرور مانتا ہے۔ انس و جن کی تخلیق کا مقصد اللہ تعالیٰ کی عبادت کرنا ہے۔ ہماری دنیاوی زندگی کیسے عبادت بنے، اس کے لیے اللہ تعالیٰ اپنے بعض بندوں کو منتخب فرما کر نبی و رسول بناتے ہیں۔

اللہ تعالیٰ فرشتوں کے ذریعہ نبی ورسول کے پاس اپنے احکام نازل فرماتا ہے کہ کیا کام کرنا ہے اور کیا کام نہیں کرنا، کیا کھانا ہے اور کیا نہیں کھانا۔ نبی ورسول اپنے قول و عمل سے لوگوں کو رہنمائی کرتا ہے۔ نبیوں کا یہ سلسلہ حضرت آدم علیہ السلام سے شروع ہو کر حضرت ابراہیم، حضرت موسیٰ اور حضرت عیسیٰؑ جیسے جلیل القدر انبیاء کرامؑ سے ہوتا ہوا حضرت محمد مصطفی صلی اللہ علیہ وسلم پر ختم ہو گیا، کیونکہ آپ صلی اللہ علیہ وسلم کی نبوت کسی قبیلہ یا علاقہ یا وقت کے ساتھ خاص نہیں، بلکہ آپ صلی اللہ علیہ وسلم کو عالمی رسالت سے نوازا گیا۔ اللہ کے رسول صلی اللہ علیہ وسلم پر ایمان لانے کا مطلب یہی ہے۔

اسی طرح قرآن وحدیث کی روشنی میں ہمارا یہ ایمان ہے کہ اس دنیاوی زندگی کے ختم ہونے کے بعد اُخروی زندگی شروع ہوتی ہے، جہاں کی کامیابی کا دارومدار دنیاوی زندگی میں نیک اعمال کرنے پر ہے، جیسا کہ اسی سورت میں آگے بیان ہے۔ کامیاب لوگ جنت میں جائیں گے جہاں اللہ تعالیٰ نے راحت وسکون کے ایسے انتظامات کر رکھے ہیں کہ ہم سوچ بھی نہیں سکتے اور ناکام لوگ جہنم کی دہکائی ہوئی آگ میں ڈالے جائیں گے، جہاں کی آگ کی گرمی دنیاوی آگ سے کئی گنا زیادہ ہے۔

۲:۔۔۔نیک اعمال کرنا انسان کی کامیابی کے لیے دوسری بنیادی شرط نیک عمل ہے۔ نیک عمل کے لیے دو بنیادی شرطیں ہیں:

۱:۔۔۔ عمل، خالص اللہ کی رضامندی کے لیے کیا جائے۔

۲:۔۔۔ تمام نبیوں کے سردار حضور اکرم صلی اللہ علیہ وسلم کی تعلیمات کے مطابق کیا جائے، خواہ عمل کا تعلق عبادات سے ہو یا معاملات سے، معاشرت سے ہو یا اخلاق سے۔

۳:۔۔۔ حق کی نصیحت کرنا یعنی ایمان لانے اور نیک عمل کرنے والے لوگ ایک دوسرے کو دینِ اسلام کی نصیحت کرتے رہیں۔ اللہ تعالیٰ نیک بندوں کے اوصاف بیان کرتے ہوئے ارشاد فرماتا ہے: "مؤمن مرد اور مؤمن عورتیں آپس میں ایک دوسرے کے مددگار ہیں، اچھی باتوں کا حکم کرتے ہیں اور برائیوں سے روکتے ہیں، نماز قائم کرتے ہیں، زکوٰۃ ادا کرتے ہیں۔ اللہ اور اس کے رسول صلی اللہ علیہ وسلم کی اطاعت کرتے ہیں۔" (سورۃ التوبہ:۷۱)

اِس آیت میں اللہ تعالیٰ نے مؤمنین کی صفات میں امر بالمعروف اور نہی عن المنکر کی ذمہ داری کو نماز وروزہ بلکہ اللہ اور اس کے رسول صلی اللہ علیہ وسلم کی اطاعت سے بھی قبل ذکر کیا، جس سے یقیناً اس کام کی اہمیت و تاکید معلوم ہوتی ہے۔ دینِ اسلام کی دعوت دینا خود ایک نیک عمل ہے، مگر اُمتِ محمدیہ اُمتِ مبعوثہ ہے، جس کا مقصد دعوت الی الخیر ہے، آیاتِ قرآنیہ واحادیثِ نبویہ اس حقیقت پر شاہد ہیں، چنانچہ فرمانِ الٰہی ہے: "(مسلمانو!) تم وہ بہترین امت ہو جو لوگوں کے فائدہ کے لیے وجود میں لائی گئی ہے، تم اچھائیوں کا حکم کرتے ہو، برائیوں سے روکتے ہو اور اللہ تعالیٰ پر ایمان رکھتے ہو۔" (آل عمران:۱۱۰)

مفسرین کا اتفاق ہے کہ اس اُمت کا بہترین اور خیر اُمت ہونا اس کے داعی ہونے اور امر بالمعروف اور نہی عن المنکر کی ذمہ داری انجام دینے کی وجہ سے ہے، اسی لیے اس ذمہ داری کو اللہ تعالیٰ نے مستقل طور پر ذکر فرمایا۔ ۴:۔۔۔ صبر کی تلقین کرنا یعنی ایک دوسرے کو صبر کی تلقین کرتے رہیں۔ اللہ تعالیٰ نے اپنے پاک کلام "قرآن کریم" میں جگہ جگہ صبر کرنے کی تعلیم دی ہے، مثلاً: "اے ایمان والو! صبر اور نماز سے مدد حاصل

کرو، بے شک اللہ صبر کرنے والوں کے ساتھ ہے۔ اور جو لوگ اللہ کے راستہ میں قتل ہوں اُن کو مردہ نہ کہو، دراصل وہ زندہ ہیں، مگر تم کو (اُن کی زندگی کا) احساس نہیں ہوتا۔ اور دیکھو ہم تمہیں آزمائیں گے ضرور، (کبھی) خوف سے، اور (کبھی) بھوک سے، اور (کبھی) مال وجان اور پھلوں میں کمی کر کے۔ اور جو لوگ (ایسے حالات میں) صبر سے کام لیں اُن کو خوشخبری سنادو۔" (البقرۃ:۱۵۳- ۱۵۵)

اسی طرح فرمانِ الٰہی ہے:" اے ایمان والو! صبر کرو اور دشمن کے مقابلہ میں ڈٹے رہو۔" (آل عمران ۲۰۰) قیامت تک آنے والے انس وجن کے آخری نبی حضرت محمد صلی اللہ علیہ وسلم نے بھی اپنے قول وعمل سے صبر کرنے کی ترغیب دی۔ آپ صلی اللہ علیہ وسلم نے ارشاد فرمایا:" بلاشبہ صبر وہی ہے جو تکلیف کے آغاز میں کیا جائے۔"
(صحیح بخاری و صحیح مسلم)

غرض دین و دنیا کے خسارے سے بچنے اور نفعِ عظیم حاصل کرنے کا یہ قرآنی نسخہ چار اجزاء سے مرکب ہے، جن میں پہلے دو جزء (ایمان واعمالِ صالحہ) اپنی ذات کی اصلاح کے متعلق ہیں۔ اور دوسرے دو جزء دوسروں کی ہدایت واصلاح سے متعلق ہیں، یعنی ہم اپنی ذات سے بھی اللہ تعالیٰ کے احکام نبی اکرم صلی اللہ علیہ وسلم کی تعلیمات کے مطابق بجالائیں، اور ساتھ میں یہ کوشش وفکر کریں کہ ہماری اولاد، ہمارے رشتے دار، ہمارے پڑوسی، ہماری کمپنی میں کام کرنے والے حضرات، ہمارے شہر میں رہنے والے لوگ اور ساری انسانیت اللہ کی مرضی کے مطابق اس دنیاوی فانی زندگی کو گزارنے والی بنے، تاکہ ہم سب بڑے خسارے سے بچ کر ہمیشہ ہمیشہ کی کامیابی حاصل کرنے والے بن جائیں۔

ہر شخص اپنی زندگی کا جائزہ لے کہ اس کے اندر یہ چار اوصاف موجود ہیں یا

نہیں!؟۔ قرآن کریم کے اس واضح اعلان سے معلوم ہوا کہ اگر یہ چار اوصاف یا ان میں سے کوئی ایک وصف بھی ہمارے اندر موجود نہیں ہے تو ہم دنیاوآخرت میں ناکامی اور بڑے خسارے کی طرف جارہے ہیں، لہٰذا ابھی وقت ہے، موت کب آجائے، کسی کو نہیں معلوم۔ ہم سب یہ عزم مصمم کریں کہ دنیاوآخرت کی کامیابی حاصل کرنے اور بڑے خسارے سے بچنے کے لیے یہ چار اوصاف اپنی زندگی میں آج، بلکہ ابھی سے لانے کی مخلصانہ کوشش کریں گے۔ اللہ ہم سب کو زندگی کے باقی ایام ان چار اوصاف سے متصف ہو کر گزارنے والا بنائے۔ آمین، ثم آمین

✲ ✲ ✲

میوزک اور گانے۔۔۔ اللہ کی ناراضی کا سبب

مولانا عبد اللہ بن مسعود

اللہ اور اللہ کے حبیب صلی اللہ علیہ وسلم سے محبت کرنے والے ہر شخص کا یہ نظریہ اور عقیدہ ہوتا ہے کہ اللہ کی مان مان کر چلنے، قدم قدم پر نبی مصطفیٰ صلی اللہ علیہ وسلم کے پیارے فرامین کو اپنانے، دین کی مبارک تعلیمات کے مطابق اپنی زندگی کو ڈھالنے میں ہی میری نجات، کامیابی اور دونوں جہاں کی خوشگوار زندگی کا سامان ہے۔ دنیا اِدھر سے اُدھر ہو جائے، لیکن پیارے نبی علیہ السلام کے پیارے ارشادات وہ کبھی فراموش نہیں کر سکتا۔ وہ جانتا ہے اور مانتا ہے کہ نبی علیہ السلام کی بات کو میں نے پسِ پشت ڈالا تو میری دنیا بھی اُجڑ جائے گی اور آخرت بھی، آخرت کی نعمتوں سے بھی محرومی ہوگی اور دنیا کی خوشیاں بھی مجھ سے روٹھ جائیں گی، اگرچہ وقتی طور پر حاصل رہیں۔ گانا اور میوزک یہ ایک ایسی چیز ہے جو آدمی کی دنیا بھی برباد کرتی ہے اور آخرت بھی، بعض طبیعتوں کو میوزک سننے سے شاید لذت وراحت سی محسوس ہوتی ہو، ایسی لذت کی مثال اُس خارش زدہ شخص کی لذت جیسی ہے جس کو خارش کرتے ہوئے مزہ محسوس ہو رہا ہوتا ہے، لیکن کچھ دیر بعد ہی یہ مزہ اُس کے لیے وبالِ جان بن جاتا ہے۔ اسی طرح یہ میوزک بھی اللہ تعالیٰ کی سخت پکڑ اور خطرناک سزا کا ذریعہ بن جاتا ہے۔

یاد رکھیں! یہ گناہ دو چیزوں پر مشتمل ہے: ا:- میوزک، گانا اور ساز وباجے پر، ۲:-

بے حیائی کے جملوں اور بول، فحش خیالات، نامحرم کی آواز، جنسی جذبات کو بھڑکانے اور غلط و گناہ پر آمادہ کرنے والے نظریات پر۔ لہٰذا اگر دونوں باتیں جمع ہوں تب تو گناہ ہے ہی اور اگر دونوں میں سے کوئی ایک بات بھی پائی جارہی ہو تو ایسی آواز کا سننا بھی ناجائز اور حرام ہے۔ اس لیے ایسی نعت وغیرہ جس کے پیچھے (Bﷺudckgr) میوزک کی آواز ہو اُس سے بھی بچنا لازم ہے، البتہ اگر بغیر میوزک کے وہ نعت ہو اور دیگر کوئی خلاف شرع بات نہ ہو تو اُسے سنا جا سکتا ہے، لہٰذا میوزک اور ساز وغیرہ پر مشتمل نعتوں اور قوالیوں کے بارے میں یہ کہنا کہ:"- یہ تو نعت ہے یا قوالی ہے، اس سے کیا ہوتا ہے؟! اِس میں تو اچھی باتیں ہیں" درست نہیں ہے، ایسی نعتوں اور قوالیوں کو نہیں سننا چاہیے، کیونکہ ان میں میوزک، ساز اور باجے کی آواز شامل ہے اور میوزک، ساز اور باجے کی آواز سننا بھی حرام ہے۔

ایک بار حضرت عبد اللہ بن عمر r راستے میں جارہے تھے، ان کے کانوں میں گانے اور ساز کی آواز آئی، حضرت عبد اللہ بن عمر رضی اللہ عنہ نے کانوں میں انگلیاں ڈال لیں اور اس راستے سے ہٹ گئے۔ پھر تھوڑے وقفے کے بعد اپنے شاگرد نافع سے پوچھتے رہے کہ کیا اب بھی آواز آرہی ہے؟ حضرت نافع اثبات میں جواب دیتے (یعنی آواز آرہی ہے) تو آپ چلتے رہتے، یہاں تک کہ جب گانے کی آواز سنائی دینا بند ہوگئی تو آپ نے اپنے کانوں سے ہاتھ ہٹالیے اور فرمایا: میں نے رسول اللہ ﷺ کو بھی گانے کی آواز پر اسی طرح کانوں میں انگلیاں ڈالتے دیکھا تھا۔ (مسند احمد: ۴۶۳۳)

ملاحظہ فرمائیے! گانوں کی آواز سے کتنی سخت نفرت تھی کہ کانوں میں انگلیاں ڈال لیں۔ گانے بجانے، سننے میں اپنے کریم رب اور ہمدرد نبی محمد صلی اللہ علیہ وسلم کے حکم کی نافرمانی کے ساتھ چند نقصانات یہ بھی ہیں:

۱:- دل میں نفاق پیدا ہو جانا: سرکارِ دوعالم صلی اللہ علیہ وسلم کا مبارک ارشاد ہے:
"اَلْغِنَاءُ يُنْبِتُ النِّفَاقَ فِی الْقَلْبِ كَمَا يُنْبِتُ الْمَاءُ الزَّرْعَ" (شعب الایمان:۴۷۴۶)
"گانا دل میں اِس طرح نفاق پیدا کرتا ہے جیسے پانی کھیتی اُگاتا ہے۔"

۲:- اُمت پر مصیبتوں کا ٹوٹ پڑنا: ایک حدیث مبارک میں رسول اللہ ﷺ نے ۱۵ ایسے اعمال بتائے کہ جب لوگوں میں وہ کام ہونے لگیں تو ان پر پریشانیاں اور مصیبتیں نازل ہونے لگ جاتی ہیں، ان میں سے ایک کام ساز باجوں اور گانوں کی کثرت ہے۔ (جامع ترمذی: ۲۲۱۰) اللہ ہماری اور ہماری نسل کی اِس سے حفاظت فرمائے۔

۳:- بے حیائی عام ہونے لگتی ہے۔

۴:- ہمارے بچوں، بچیوں کے اخلاق خراب ہونے لگتے ہیں، وہ اپنے والدین اور بڑوں کے نافرمان ہو جاتے ہیں۔

۵:- اللہ کی یاد سے غفلت ہونے لگتی ہے۔

۶:- بے چینی، بے سکونی اور بے اطمینانی کی سی کیفیت طاری ہو جاتی ہے، امریکا میں ہونے والی ایک تحقیق کے مطابق ہر سال امریکا میں ۶۰۰ نوجوان گانے بجانے کے اثرات سے متاثر ہو کر خودکشی کر لیتے ہیں۔

۷:- احساسِ ذمہ داری ختم ہو جاتا ہے۔

۸:- فحش اور گندی زبان استعمال ہونے لگتی ہے۔

خوشگوار اور پرسکون زندگی کے لیے، طرح طرح کی پریشانیوں، مصیبتوں اور اللہ کے عذاب سے حفاظت کے لیے، بااخلاق و باکردار معاشرہ کی تشکیل کے لیے ہم میں سے ہر شخص یہ عزم کرے کہ وہ خود بھی گانے اور میوزک سننے سے بچے گا اور اپنے بچے، بچیوں، رشتہ داروں اور دوستوں کو بھی نرمی اور محبت سے گانے سننے سے بچائے گا۔ اس

کے لیے درج ذیل باتوں پر خود بھی عمل کریں اور دوسروں کو بھی اِن کی ترغیب دیں:

ا:- خدانخواستہ اِس گناہ میں مبتلا ہیں تو بلا تاخیر ابھی دو رکعت نفل پڑھ کر اپنے پروردگار سے خوب رو رو کر مانگیں کہ: "اے اللہ! مجھے اِس گناہ کی نحوست سے بچالے، اس کی نفرت میرے دل میں بٹھادے، تاکہ میں گانے و میوزک کے خطرناک نقصانات سے بچ سکوں۔"

۲:- جیسے ہی گانے کی آواز کانوں میں پڑے فوراً "لَاحَوْلَ وَلَا قُوَّۃَ اِلَّا بِاللّٰہِ" مانگنا شروع کردیں اور اپنے دل ودماغ کو گانے کی آواز سے ہٹاکر دوسرے کاموں میں لگانے کی کوشش کریں۔

۳:- ایسی تقریبات اور محفلوں میں بھی جانے سے بچیں جہاں معلوم ہو کہ گانے، میوزک بجائے جائیں گے۔ اِس کا حل یہ ہے کہ تقریب سے کچھ دن پہلے یا کچھ دن بعد جاکر ان کی خوشی میں شریک ہو جائیں اور اُن کو یہ بتاکر معذرت کرلیں کہ: آپ برا نہیں مانیے گا، میں گانے اور میوزک سے بچنے کی کوشش کرتا ہوں، تاکہ اللہ تعالیٰ مجھے اس کے نقصانات سے بچالیں۔

۴:- اپنے موبائل پر میوزک والی رنگ ٹون کو بدل لیں، تاکہ ہم خود بھی اِس گناہ سے محفوظ رہیں اور دوسروں کی تکلیف کا ذریعہ بھی نہ بنیں۔

۵:- اِس دعا کو اپنے پاس نوٹ کرکے یاد کرکے دھیان کے ساتھ مانگنا شروع کردیں:

"اَللّٰھُمَّ اِنِّیْ اَعُوْذُبِکَ مِنْ مُنْکَرَاتِ الْاَخْلَاقِ وَالْاَعْمَالِ وَالْاَھْوَائِ۔" (جامع ترمذی: ۳۵۹۱)

"اے اللہ! میں ا:- برے اخلاق، ۲:- برے اعمال اور ۳:- بری خواہشات سے

آپ کی پناہ چاہتا ہوں۔"

ہم میں سے ہر ایک یہ ٹھان لے کہ اب آئندہ ان شاء اللہ! ساری زندگی میں گانے نہیں سنوں گا، ایسی مجلس و تقریب سے میں فوراً دور ہو جائوں گا، چاہے گانے بج رہے ہوں یا میوزک والی نعتیں یا قوالیاں سنی جارہی ہوں، کیوں کہ حقیقی خیر اور اصل سکون و کامیابی پیارے نبی صلی اللہ علیہ وسلم کے پیارے احکامات سے اپنی زندگیوں کو سنوارنے میں ہی ہے۔ خدائے رحمن سے درخواست ہے کہ تمام گناہوں بالخصوص گانے اور میوزک سننے سے ہماری حفاظت فرمائے، آمین!

***

تصوف! قرآن و سنت کی روشنی میں

ڈاکٹر بشیر احمد رند

"تصوف" کا مفہوم:

"تصوف" کا اصل مادہ "صوف" ہے، جس کا معنی ہے "اون"۔ اور "تَصَوُّف" کا لغوی معنی ہے "اون کا لباس پہننا" جیسے "تَقَمُّص" کا معنی ہے قمیص پہننا۔(۱)

صوفیاؒ کی اصطلاح میں اس کے معنی ہیں: اپنے اندر کا تزکیہ اور تصفیہ کرنا، یعنی اپنے نفس کو نفسانی کدورتوں اور رذائلِ اخلاق سے پاک و صاف کرنا اور فضائلِ اخلاق سے مزین کرنا۔(۲) اور صوفیاء ایسے لوگوں کو کہا جاتا ہے جو اپنے ظاہر سے زیادہ اپنے اندر کے تزکیہ اور تصفیہ کی طرف توجہ دیتے ہیں اور دوسروں کو اسی کی دعوت دیتے ہیں۔

اب لفظ صوفیاؒ، اپنے لغوی معنی (اون کا لباس پہننے والے) میں استعمال نہیں ہوتا، بلکہ ایسے لوگوں کے لیے استعمال ہوتا ہے جو اپنے اندر کے تزکیہ و تطہیر کی طرف توجہ دیتے ہیں۔ اور اب یہ لفظ ایسے ہی لوگوں کے لیے لقب کی صورت اختیار کر چکا ہے۔ چونکہ ابتدا میں ایسے لوگوں کا اکثر لباس صوف (اون) ہی ہوتا تھا، اس وجہ سے ان کا یہ نام پڑ گیا، اگرچہ بعد میں ان کا یہ لباس نہ رہا۔(۳)

"تصوف" کی اہمیت:

حدیث کی کتابوں میں ایک حدیث، حدیثِ جبریلؑ کے نام سے مشہور ہے، اس میں

ہے کہ ایک دن جبریل علیہ السلام انسانی شکل میں نبی کریم اکی خدمت میں حاضر ہوئے اور کچھ سوالات کیے، ان میں سے ایک سوال یہ تھا کہ: "احسان کیا ہے؟ آپ انے جواب میں ارشاد فرمایا کہ: "احسان یہ ہے کہ تم خدا کی عبادت اس طرح کرو کہ گویا تم خدا کو دیکھ رہے ہو، اگر تم خدا کو دیکھ نہیں رہے (یعنی یہ کیفیت پیدا نہیں ہوتی) تو کم سے کم یہ یقین کرلو کہ وہ تمہیں دیکھ رہا ہے"۔(۴)

بندہ کے دل میں اسی احسان کی کیفیت پیدا کرنے کا صوفیاً کی زبان میں دوسرا نام "تصوف" یا "سلوک" ہے۔ "تصوف" دراصل بندہ کے دل میں یقین اور اخلاص پیدا کرتا ہے۔ "تصوف" مذہب سے الگ کوئی چیز نہیں، بلکہ مذہب کی روح ہے۔ جس طرح جسم روح کے بغیر مردہ لاش ہے، اسی طرح اللہ کی عبادت بغیر اخلاص کے بے قدر وقیمت ہے۔ "تصوف" بندہ کے دل میں اللہ تعالیٰ کی ذات کی محبت پیدا کرتا ہے اور خدا کی محبت بندہ کو مجبور کرتی ہے کہ وہ خلقِ خدا کے ساتھ محبت کرے، کیونکہ صوفی کی نظر میں خلقِ خدا، خدا کی عیال ہے اور کسی کے عیال کے ساتھ بھلائی عیال دار کے ساتھ بھلائی شمار ہوتی ہے۔

خدا کی ذات کی محبت بندہ کو خدا کی نافرمانی سے روکتی ہے اور بندگانِ خدا کی محبت بندہ کو ان کے حقوق غصب کرنے سے روکتی ہے، اس لیے صوفیاً حضرات کی زندگی حقوق اللہ اور حقوق العباد کو پوری طرح ادا کرتے ہوئے گزرتی ہے۔ ظاہر ہے کہ جو چیز انسان کو اللہ تعالیٰ کا فرمانبردار بنائے اور اس کے بندوں کا خیر خواہ بنائے، اس کی اہمیت سے انکار نہیں کیا جا سکتا۔ "تصوف" اور اہلِ تصوف کی اہمیت کو بیان کرتے ہوئے علامہ اقبالؒ نے کہا تھا کہ: "ہندوستان کے سات کروڑ مسلمانوں میں سے چھ کروڑ (۸۵ فیصد) مسلمان یقیناً اہلِ تصوف کے فیوض وبرکات کا نتیجہ ہیں"۔(۵)

ہم اپنے اس مقالے میں "تصوف" کی ان باتوں کا قرآن وسنت کی روشنی میں تجزیہ کریں گے جو صوفیائے حضرات کے ہاں متفق علیہ ہیں۔ صوفیائے حضرات جن باتوں پر زیادہ زور دیتے ہیں، وہ یہ ہیں:

۱:۔۔۔اللہ تعالیٰ کی محبت۔

۲:۔۔۔رسول اللہ ﷺ کی اطاعت۔

۳:۔۔۔تزکیۂ نفس (اپنے نفس کو فضائلِ اخلاق سے آراستہ کرنا اور رذائلِ اخلاق سے پاک کرنا)۔

۴:۔۔۔برداشت اور رواداری۔

۵:۔۔۔خدمتِ خلق۔

اب ہم ہر ایک بات کا قرآن وسنت کی روشنی میں تجزیہ کرتے ہیں:

۱:۔۔۔اللہ تعالیٰ کی محبت

صوفیائے حضرات اپنی تعلیمات میں سب سے زیادہ جس چیز پر زور دیتے ہیں وہ عشق ومحبتِ خداوندی ہے، کیونکہ محبت ہی ایک ایسی چیز ہے جو محب کو اپنے محبوب کی اطاعت پر مجبور کرتی ہے اور اس کی نافرمانی سے روکتی ہے اور محب کے دل میں محبوب کی رضا کی خاطر ہر مصیبت وتکلیف کو خندہ پیشانی سے برداشت کرنے کی قوت وصلاحیت پیدا کرتی ہے، اور محبت ہی وہ چیز ہے جو محب کو مجبور کرتی ہے کہ وہ ایسا عمل کرے جس سے محبوب راضی ہو اور ہر اس عمل وکردار سے باز رہے جس سے محبوب ناراض ہو، چنانچہ صوفیائے حضرات اگر زہد، تقویٰ، عبادت، ریاضت اور مجاہدے اختیار کرتے ہیں تو ان کا مقصد صرف اور صرف خدا کی رضا حاصل کرنا ہوتا ہے۔ وہ جنت کی لالچ یا جہنم کے خوف سے خدا کی بندگی نہیں کرتے، چنانچہ حضرت رابعہ بصریہؒ اپنی ایک دعا میں فرماتی ہیں: "خدایا!

اگر میں تیری بندگی جنت کے لیے کرتی ہوں تو مجھے اس سے محروم رکھنا، اگر میں جہنم کے خوف سے تیری عبادت کرتی ہوں تو مجھے اس میں جھونک دینا، لیکن اگر میں تیری بندگی تجھے پانے کے لیے کرتی ہوں تو مجھے اپنے آپ سے محروم نہ رکھنا"۔(۶)

فراق و وصل چہ خواہی رضائے دوست طلب

کہ حیف باشد ازو غیر ازیں تمنائے

ترجمہ: " فراق و وصل کیا ڈھونڈتا ہے، محبوب کی رضامندی ڈھونڈ کہ محبوب سے محبوب کے سوا کی تمنا کرنا افسوس کی بات ہے"۔(۷)

علامہ شبلیؒ تو یہاں تک فرماتے ہیں:

"الصوفی لایریٰ فی الدارین مع اللہ غیر اللہ "۔(۸)

ترجمہ: " صوفی دونوں جہانوں میں اللہ تعالیٰ کی ہستی کے علاوہ اور کسی چیز کو نہیں دیکھتا۔"

امام ربانیؒ فرماتے ہیں: " مقربین بارگاہِ الٰہی (یعنی صوفیاً حضرات) اگر بہشت چاہتے ہیں تو اس لیے نہیں کہ ان کا مقصد نفس کی لذت ہے، بلکہ اس لیے کہ وہ خدا کی رضا کی جگہ ہے۔ اگر وہ دوزخ سے پناہ مانگتے ہیں تو اس لیے نہیں کہ اس میں رنج والم ہے، بلکہ اس لیے کہ وہ خدا کی ناراضی کی جگہ ہے، ورنہ ان کے لیے انعام اور رنج والم دونوں برابر ہیں، ان کا اصل مقصود رضائے الٰہی ہے"۔(۹)

شاہ عبداللطیف بھٹائیؒ فرماتے ہیں:

محبت سندو من °ما°° ·مارج مچ

ان پرا ئي اچ تة سودو ·ہيَ سہ ·رو(۱۰)

ترجمہ: "اے موتی جیسے انسان! اپنے اندر خدا کی محبت کا الاؤ جلا دے، یہ راہ اختیار

کروگے تو تمہارالین دین کامیاب ہوگا۔"

عاشقنااللہ ویروتارنۃوسري

اَہ°رینديساہ°.ھن ویندونؔ°ري۔

ترجمہ:"خدا سے عشق کرنے والے اسے کبھی نہیں بھلاتے، کبھی عشق و محبت کی آہ بھرتے ہوئے ان کی روحیں پرواز ہو جائیں گی"۔(۱۱)

اور یہی بات قرآن و سنت کی تعلیم ہے، چنانچہ اللہ تعالیٰ کا ارشاد ہے:

"وَالَّذِیۡنَ اٰمَنُوۡۤا اَشَدُّ حُبًّا لِّلّٰہِ"۔(۱۲)

ترجمہ:"اور جو لوگ مؤمن ہیں، وہ سب سے زیادہ اللہ ہی سے محبت کرتے ہیں"۔

ایک اور آیت میں ارشادِ باری تعالیٰ ہے:

" قُلۡ اِنۡ کَانَ اٰبَآؤُکُمۡ وَ اَبۡنَآؤُکُمۡ وَ اِخۡوَانُکُمۡ وَ اَزۡوَاجُکُمۡ وَ عَشِیۡرَتُکُمۡ وَ اَمۡوَالُ ۣاقۡتَرَفۡتُمُوۡہَا وَ تِجَارَۃٌ تَخۡشَوۡنَ کَسَادَہَا وَ مَسٰکِنُ تَرۡضَوۡنَہَاۤ اَحَبَّ اِلَیۡکُمۡ مِّنَ اللّٰہِ وَ رَسُوۡلِہٖ وَ جِہَادٍ فِیۡ سَبِیۡلِہٖ فَتَرَبَّصُوۡا حَتّٰی یَاۡتِیَ اللّٰہُ بِاَمۡرِہٖ وَ اللّٰہُ لَا یَہۡدِی الۡقَوۡمَ الۡفٰسِقِیۡنَ"۔(۱۳)

ترجمہ:"(اے رسول ا! مسلمانوں سے) کہہ دیجئے کہ اگر تمہیں اپنے باپ اور دادا اور بیٹے اور بھائی اور بیویاں اور رشتے دار اور وہ تجارت جس کے مندا پڑے جانے سے تم بہت ڈرتے ہو، اور وہ مکانات جنہیں تم بہت عزیز رکھتے ہو، اگر ان میں سے کوئی چیز بھی تمہیں اللہ سے اور اس کے رسول (ا) سے اور اس کی راہ میں جہاد سے زیادہ پیاری ہے تو پھر انتظار کرو، یہاں تک کہ اللہ کا فیصلہ صادر ہو جائے اور یاد رکھو کہ اللہ فاسقوں کو ہدایت نہیں دیا کرتا"۔

آپ انے ارشاد فرمایا:

"من اَحب للّٰہ واَبغض للّٰہ و اَعطی للّٰہ و منع للّٰہ فقد استکمل الإیمان"۔(۱۴)

ترجمہ:" جس شخص کا یہ حال ہو کہ وہ اللہ ہی کے لیے محبت کرے اور اللہ ہی کے لیے بغض رکھے اور اللہ ہی کے لیے دے اور کسی کو کچھ دینے سے اللہ ہی کے لیے ہاتھ روکے تو اس نے اپنے ایمان کو کامل کر لیا"۔

آپ ﷺ یہ دعا مانگا کرتے تھے:

" اَللّٰھم اجعل حبک اَحب اِلی من نفسی واَھلی و من الماء البارد "۔(۱۵)

ترجمہ:" اے اللہ! مجھے ایسا کر دے کہ تیری محبت اپنی ذات اور اپنے اہل و عیال سے اور پیاس کے وقت ٹھنڈے پانی سے بھی زیادہ محبوب ہو"۔

اور صوفیائے حضرات اسی محبت کو اپنے دل میں اور اپنے مریدین کے دل میں پیدا کرنے کے لیے مجاہدے اور ریاضت کرتے ہیں اور کراتے ہیں۔

۲:۔۔۔رسول اللہ ﷺ کی اطاعت

مسلمان صوفیائے حضرات کے نزدیک رسول اللہ ﷺ کی اطاعت اور اُن کے اسوۂ حسنہ کی پیروی کیے بغیر معرفتِ خداوندی اور نجات کا حصول ناممکن ہے، چنانچہ امام ربانی شیخ احمد سرہندیؒ ایک مکتوب میں لکھتے ہیں:

"اس نعمتِ عظمیٰ یعنی معرفت خداوندی تک پہنچنا سید الاولین والآخرین ﷺ کی اتباع سے وابستہ ہے، آپ ﷺ کی اتباع کیے بغیر فلاح و نجات ناممکن ہے"۔

محال است سعدی کہ راہ صفا

تواں رفت جز در پئے مصطفٰےؐ(۱۶)

ترجمہ:" اے سعدی! یہ ناممکن ہے کہ آنحضرت ﷺ کی پیروی کیے بغیر خدائی معرفت اور تصفیہ قلب حاصل ہو سکے"۔

یہی بات قرآن مجید میں اللہ تعالیٰ اس طرح ارشاد فرماتے ہیں:

" قُلْ اِنْ کُنْتُمْ تُحِبُّوْنَ اللّٰہَ فَاتَّبِعُوْنِیْ یُحْبِبْکُمُ اللّٰہُ "۔(۱۷)

ترجمہ:"اے پیغمبر!(ا) آپ ان کو بتادیجیے کہ اگر تم خدا سے محبت رکھتے ہو تو میری پیروی کرو، نتیجے میں اللہ تعالیٰ تم سے محبت کریں گے۔"

اس لیے کہ اللہ کے رسول ا کی اطاعت خود خدا کی اطاعت ہے، چنانچہ ارشاد باری تعالیٰ ہے:

"مَنْ یُّطِعِ الرَّسُوْلَ فَقَدْ اَطَاعَ اللّٰہَ "۔(۱۸)

ترجمہ:"جس شخص نے خدا کے رسول کی اطاعت کی اس نے خدا کی اطاعت کی۔"

کیونکہ رسول اکرم اجو کچھ بولتے ہیں، وہ وحی الٰہی ہی ہوتا ہے، چنانچہ ارشاد باری ہے:

"وَمَا یَنْطِقُ عَنِ الْھَوٰی، اِنْ ھُوَ اِلَّا وَحْیٌ یُّوْحٰی "۔(۱۹)

ترجمہ:"وہ(رسول اللہ ا)اپنی خواہشات سے نہیں بولتے، وہ(جو کچھ تمہیں دے رہے ہیں)وہ وحی الٰہی ہے جو اس کی طرف بھیجی جاتی ہے"۔

اس لیے ایک اور آیت میں ارشاد فرمایا:

"مَا اٰتَاکُمُ الرَّسُوْلُ فَخُذُوْہُ وَمَا نَھَاکُمْ عَنْہُ فَانْتَھُوْا "۔(۲۰)

ترجمہ:"جو کچھ رسول(ا) تمہیں دیں وہ لے لو اور جس سے روکیں رُک جائو۔"

آپ ا کے ارشادات سے معلوم ہوتا ہے کہ کسی شخص کا اس وقت تک ایمان کامل ہی نہیں ہوسکتا، جب تک رسول اللہ ا کے ساتھ ہر چیز سے زیادہ محبت نہ کرے اور اپنی ساری خواہشات رسول اللہا کے فرمان کے تابع نہ بنادے، چنانچہ آپ ا کا ارشاد گرامی ہے:

"لایؤمن اَحدکم حتّٰی اَکون اَحب إلیہ من والدہ وولدہ والناس اَجمعین "۔(۲۱)

ترجمہ: "تم میں سے کوئی بھی شخص اس وقت تک مؤمن نہیں ہو سکتا جب تک وہ اپنے والدین، اولاد اور سب لوگوں سے زیادہ مجھے محبوب نہ رکھے"۔

"لایؤمن أحکم حتّٰی یکون ھواہ تبعاً لما جئت بہ"۔(۲۲)

ترجمہ: "تم میں سے کوئی بھی شخص اس وقت تک مؤمن نہیں ہو سکتا جب تک اس کی خواہشات میرے لائے ہوئے طریقے کے مطابق نہ ہوں"۔

۳:۔۔۔تزکیۂ نفس

صوفیائے حضرات جتنے مجاہدے، ریاضات اور عبادات کرتے ہیں یا ان کا اپنے معتقدین کو درس دیتے ہیں، ان کا اصل مقصد نفس کا تزکیہ اور تطہیر ہے۔ چنانچہ سندھ کے سدا حیات اور آفاقی شاعر، شاہ عبداللطیف بھٹائیؒ فرماتے ہیں:

اکر پ٠ہ الف جو٠ یا ورق سہ٠ وسار

اندر تون اجار پناپ٠ ھندین ٥یترا(۲۳)

ترجمہ: "اے دوست! چاہے ایک حرف "الف" ہی پڑھ لو، لیکن اپنے اندر کو پاک وصاف کرلو۔ اگر اندر کا تزکیہ و تطہیر نہیں کرتے تو زیادہ پڑھنے اور ورق گردانی کرنے کا کوئی فائدہ نہیں"۔

اب ہم دیکھتے ہیں کہ قرآن وسنت اس بارے میں کیا کہتے ہیں ؟!۔

قرآن مجید اور تزکیۂ نفس

اللہ تعالیٰ نے قرآن مجید میں حضرتِ ابراہیم علیہ السلام کی ایک دعا نقل کی ہے:

"رَبَّنَا وَابۡعَثۡ فِيۡهِمۡ رَسُوۡلًا مِّنۡهُمۡ يَتۡلُوۡا عَلَيۡهِمۡ اٰيٰتِكَ وَيُعَلِّمُهُمُ الۡكِتٰبَ وَالۡحِكۡمَةَ وَيُزَكِّيۡهِمۡ"۔ (۲۴)

ترجمہ: "اے ہمارے پروردگار! میری اولاد میں ان میں سے ہی ایک رسول بھیج،

جو انہیں تیری آیات پڑھ کر سنائے اور اُنہیں کتاب و حکمت کی تعلیم دے اور ان کے اندر کا تزکیہ کرے۔"

حضرت ابراہیم علیہ السلام کی دعا سے ظاہر ہے کہ کسی نبی کی بعثت، تلاوتِ آیات اور تعلیم کتاب و حکمت کا اصل مقصد لوگوں کے اندر کا تزکیہ ہے۔

نبی کریم اکی بعثت کے مقاصد بتاتے ہوئے اللہ تعالیٰ نے فرمایا:

"ھُوَ الَّذِیْ بَعَثَ فِی الْاُمِّیّٖنَ رَسُوْلاً مِّنْھُمْ یَتْلُوْا عَلَیْھِمْ اٰیٰتِہٖ وَیُزَکِّیْھِمْ وَیُعَلِّمُھُمُ الْکِتٰبَ وَالْحِکْمَۃَ وَاِنْ کَانُوْا مِنْ قَبْلُ لَفِیْ ضَلٰلٍ مُّبِیْنٍ"۔(۲۵)

ترجمہ:"اللہ تعالیٰ ہے جس نے ناخواندہ لوگوں میں ان میں سے ایک رسول بھیجا، جو اُنہیں خدائی آیات پڑھ کر سناتا ہے اور ان کا تزکیہ کرتا ہے اور اُنہیں کتاب و حکمت کی تعلیم دیتا ہے، اگرچہ وہ اس سے پہلے کھلی ہوئی گمراہی میں پڑے ہوئے تھے۔"

اس آیت سے ظاہر ہے کہ نبی کریم اکی بعثت کا مقصد یہ تھا کہ لوگوں کو خدائی آیات سنائیں، ان کا تزکیہ کریں اور انہیں کتاب و حکمت کی تعلیم دیں۔ لیکن غور کیا جائے تو واضح ہوگا کہ نبی پاک اکی بعثت کا اصل مقصد تزکیہ ہی تھا، کیونکہ تلاوتِ آیات و تعلیمِ کتاب و حکمت کا اصل مقصد تو تزکیہ ہی ہے، کیونکہ اگر تعلیم سے تزکیۂ قلب و تطہیرِ نفس حاصل نہ ہو تو تعلیم و تعلم، درس و تدریس سب فضول ہے، جیسا کے بھٹائی صاحبؒ کے مذکورہ شعر سے واضح ہوتا ہے۔

ایک اور مقام پر ارشادِ باری ہے:

"قَدْ اَفْلَحَ مَنْ زَکّٰھَا وَقَدْ خَابَ مَنْ دَسّٰھَا"۔(۲۶)

ترجمہ:"بے شک وہ شخص کامیاب ہوگیا جس نے اپنے نفس کو پاک کیا اور وہ ناکام و نامراد ہوگیا جس نے اپنے نفس کو مٹی آلود کر دیا"۔

"تصوف" جن رذائلِ اخلاق سے اپنے اندر کو پاک کرنے کی تعلیم دیتا ہے، وہ یہ ہیں:

بدنیتی، ناشکری، جھوٹ، وعدہ خلافی، خیانت، بددیانتی، غیبت و چغلی، بہتان، بدگوئی وبدگمانی، خوشامد و چاپلوسی، بخل و حرص، ظلم، فخر، ریاونمود اور حرام خوری، وغیرہ۔

اور جن چیزوں سے اپنے اندر کو سنوارنے کی تعلیم دیتا ہے، وہ یہ ہیں:

اخلاصِ نیت، ورع و تقویٰ، دیانت وامانت، عفت و عصمت، رحم و کرم، عدل و انصاف، عفو و درگزر، حلم و بردباری، تواضع و خاکساری، سخاوت و ایثار، خوش کلامی وخودداری، استقامت و استغناء وغیرہ۔ (جیسا کہ ابو القاسم قشیریؒ کی کتاب "رسالہ قشیریہ" اور علی ہجویریؒ کی کتاب "کشف المحجوب" اور ابو نصرؒ کی کتاب "کتاب اللمع" اور شاہ عبداللطیف بھٹائیؒ کی کتاب "شاہ جو رسالو" سے ظاہر ہے)۔ اس میں کوئی شک نہیں کہ قرآن و سنت کا بیشتر حصہ ان ہی رذائلِ اخلاق سے بچنے اور فضائلِ اخلاق سے اپنے آپ کو مزین کرنے کی تعلیم دیتا ہے۔ فضائلِ اخلاق اور رذائلِ اخلاق پر سید سلیمان ندویؒ نے "سیرت النبیؐ" کی چھٹی جلد لکھی ہے، جو ۱۳۴ صفحات پر مشتمل ہے، جس میں انہوں نے سینکڑوں آیات واحادیث ذکر کی ہیں۔

اگر صرف ارکانِ اربعہ (چار اہم عبادات: نماز، روزہ، زکوٰۃ، اور حج) پر غور کیا جائے تو معلوم ہو گا کہ قرآن و سنت نے ان کا مقصد ہی تزکیۂ نفس و تطہیر قلب بتایا ہے۔

نماز کے بارے میں قرآن مجید فرماتا ہے:

"اِنَّ الصَّلٰوۃَ تَنْھٰی عَنِ الْفَحْشَآءِ وَالْمُنْکَرِ"۔ (۲۷)

ترجمہ: "بے شک نماز بے حیائی اور برے اعمال سے روکتی ہے"۔

اور آپ ان نے فرمایا:

"من لم تنھہ صلوٰتہ عن الفحشاء والمنکر فلا صلوٰۃ لہ"۔(۲۸)

ترجمہ:" جس کی نماز اُسے بے حیائی اور برے عمل سے نہ روکے، اس کی نماز، نماز ہی نہیں"۔

روزہ کے بارے میں اللہ تعالیٰ کا ارشاد ہے:

"لَعَلَّكُمْ تَتَّقُونَ"۔(۲۹)

ترجمہ:"(تم پر روزے اس لیے فرض کیے گئے) تاکہ تم پرہیز گار بن جاؤ"۔

آپ ﷺ نے فرمایا:

"من لم یدعْ قولَ الزور والعمل بہ فلیس للہ حاجۃ بأن یدعَ طعامہٗ وشرابہٗ"۔(۳۰)

ترجمہ:" جس نے برے قول اور برے عمل کو نہ چھوڑا، اُس کے بھوکے پیاسے رہنے کی خدا کو کوئی ضرورت نہیں"۔

زکوٰۃ کے بارے میں اللہ تعالیٰ فرماتے ہیں:

"خُذْ مِنْ أَمْوَالِهِمْ صَدَقَةً تُطَهِّرُهُمْ وَتُزَكِّيهِمْ بِهَا"۔(۳۱)

ترجمہ:" ان کے اموال سے صدقہ وصول کر جس کے ذریعے ان کے اندر کی تطہیر اور تزکیہ کر۔"

آپ ﷺ نے زکوٰۃ و صدقات کا مقصد بتاتے ہوئے فرمایا:

" واتقوا الشح فإن الشح أھلک من کان قبلکم، حملھم علی أن سفکوا دمائھم واستحلوا محارمھم"۔(۳۲)

ترجمہ:"(زکوٰۃ و صدقات دیا کرو) اور نفس کی کنجوسی و بخل سے اپنے آپ کو بچائو، کیونکہ بخل و کنجوسی (نفس کا ایسا رذیل خلق ہے جس) نے تم سے پہلوں کو ہلاک کر ڈالا، جس کے سبب انہوں نے خونریزیاں کیں اور حرام چیزوں کو حلال گردانا"۔

اس سے صاف ظاہر ہے زکوٰۃ، صدقات وانفاق فی سبیل اللہ کا اصل مقصد انسان کے اندر کا تزکیہ ہے۔

حج کے بارے میں اللہ تعالیٰ کا ارشاد ہے:

"فَمَنۡ فَرَضَ فِیۡهِنَّ الۡحَجَّ فَلَا رَفَثَ وَلَا فُسُوۡقَ وَلَا جِدَالَ فِی الۡحَجِّ"۔(۳۳)

ترجمہ: "جو شخص حج کے مہینوں میں حج کی نیت کرے، اُسے چاہیے کہ (عورتوں سے) چھیڑ چھاڑ نہ کرے، نافرمانی اور لڑائی جھگڑا نہ کرے"۔

"وَتَزَوَّدُوۡا فَاِنَّ خَیۡرَ الزَّادِ التَّقۡوٰی"۔(۳۴)

ترجمہ:"سفر کا سامان اپنے ساتھ لے کر نکلو، کیونکہ بہترین توشہ تقویٰ ہے"۔

آپ انے فرمایا:

"من حج للّٰہ فلم یرفث ولم یفسق رجع کیوم ولدتہ اُمہ"۔(۳۵)

ترجمہ:"جس نے خدا کی رضا کے لیے حج کیا اور اس میں اپنے آپ کو گناہ اور نافرمانی سے بچایا، وہ گناہوں سے ایسے پاک صاف ہو کر لوٹا جیسے گویا اس کی ماں نے آج اُسے جنم دیا ہے"۔

ان آیات واحادیث سے صاف ظاہر ہوا کہ ارکانِ اربعہ کا اصل مقصد تزکیہ و تطہیر قلب ہی ہے، جس کا صوفیا درس دیتے ہیں۔

مصادر و مراجع

۱۔۔۔ہجویری، ابو الحسن سید علی بن عثمان: کشف المحجوب، اردو ترجمہ عبد الرحمٰن طارق، لاہور، ادارہ اسلامیات، طبع اول:۲۰۰۵ء، ص:۴۱۶۔

۲۔۔۔چشتی، پروفیسر یوسف سلیم: تاریخ تصوف، لاہور، دارالکتاب، طبع اول: ۲۰۰۹ء، ص:۱۱۵۔

۳۔۔۔القشیری، ابو القاسم عبد الکریم بن ہوازن : الرسالۃ القشیریہ، ترجمہ محمد عبد النصیر العلوی، لاہور، مکتبہ رحمانیہ، ص:۴۱۶۔

۴۔۔۔البخاری، ابو عبد اللہ محمد بن اسمٰعیل: صحیح البخاری، الریاض، دار السلام للنشر والتوزیع، طبع دوم:۱۹۹۹ء، ص:۱۲، حدیث:۵۰۔

۵۔۔۔بھٹو حافظ محمد موسیٰ : تصوف و اہلِ تصوف، سندھ نیشنل اکیڈمی ٹرسٹ حیدرآباد، ص:۱۱۵۔

۶۔۔۔مرزا قلیچ بیگ: مقالات الاولیاء، سندھ پرنٹنگ، پریس، نوشہری دروازہ شکارپور، ۱۹۲۷ء ص:۱۵۔

۷۔۔۔مولانا محمد زکریا: شریعت و طریقت کا تلازم، طبع اول: ۱۹۹۳ء، ص:۱۰۲۔

۸۔۔۔کشف المحجوب، ص:۶۷۔

۹۔۔۔امام ربانی مجدد الف ثانی شیخ احمد سرہندی: مکتوبات امام ربانی، کراچی دار الاشاعت، طبع اول:۲۰۰۶ء، مکتوب:۳۵، جلد اول، ص:۱۹۱۔

۱۰۔۔۔بھٹائی شاہ عبد اللطیفؒ: شاہ جو رسالو، مرتب کلیان آدوانی، روشنی پبلیکیشن کنڈیارو، طبع اول، ۱۹۹۷ء، سُر سریراگ، داستان: اول، ص:۱۱۴۔

۱۱۔۔۔شاہ جو رسالو، سر یمن کلیان، داستان:۷، ص:۹۴۔

۱۲۔۔۔البقرۃ:۱۶۵۔ ۱۳۔۔۔التوبہ:۲۴۔

۱۴۔۔۔الخطیب محمد بن عبد اللہ :" مشکوٰۃ المصابیح" کراچی، قدیمی کتب خانہ، ص: ۱۴۔

۱۵۔۔۔ایضاً، ص:۲۲۰۔

۱۶۔۔۔شیخ احمد سرہندی: مکتوبات، مکتوب:۸۷، جلد اول، ص:۲۷۹۔

۱۷۔۔۔ آل عمران:۳۱۔۱۸۔۔۔ النساء:۸۰۔

۱۹۔۔۔ النجم:۴،۳۔۲۰۔۔۔ النساء:۸۰۔

۲۱۔۔۔ صحیح بخاری، کتاب الایمان، ص:۶، حدیث:۱۵۔ القشیری، ابوالحسین مسلم بن حجاج: صحیح مسلم، الریاض، دار السلام للنشر والتوزیع، طبع دوم: ۲۰۰۰ء، ص: ۴۱، حدیث:۱۶۹۔

۲۲۔۔۔ مشکوٰۃ المصابیح، ص: ۳۰۔۲۳۔۔۔ شاہ جو رسالو: سر یمن کلیان، ص:۹۰۔

۲۴۔۔۔ البقرۃ:۱۲۹۔۲۵۔۔۔ الجمعۃ:۲۔

۲۶۔۔۔ الشمس:۱۰،۹۔۲۷۔۔۔ العنکبوت:۴۵۔

۲۸۔۔۔ ابن ابی حاتم، بحوالہ "تفہیم القرآن، سید ابو الاعلیٰ مودودی، لاہور، ادارہ ترجمان القرآن، طبع:۴۴، ۲۰۰۷ء، ج:۳، ص:۷۰۷۔

۲۹۔۔۔ البقرۃ: ۱۸۳۔

۳۰۔۔۔ ابو عیسیٰ: جامع ترمذی، دارالسلام للنشر والتوزیع، الریاض، طبع اول: 1999ء، حدیث:۷۰۷۔

۳۱۔۔۔ التوبہ: ۱۰۳۔ ۳۲۔۔۔ صحیح مسلم بحوالہ مشکوٰۃ المصابیح، جلد اول، ص: ۱۶۴۔

۳۳۔۔۔ البقرۃ:۱۹۷۔ ۳۴۔۔۔ البقرۃ:۱۹۷۔

۳۵۔۔۔ صحیح بخاری، کتاب الحج، حدیث: ۱۵۲۱۔ صحیح مسلم، کتاب الحج، حدیث: ۳۲۹۱۔

۴:۔۔۔ برداشت اور رَواداری

صوفیاً کرام کا یہ شیوہ رہا ہے کے وہ اپنے اور پرائے، مسلم اور غیر مسلم، نیک اور بد، موافق اور مخالف سب کے ساتھ برداشت، رَواداری اور حسن سلوک کا رویہ رکھتے ہیں اور اپنے معتقدین کو بھی اسی چیز کا درس دیتے ہیں، چنانچہ حضرت حسن بصریؒ کے بارے میں منقول ہے کہ: "اُنہیں کچھ لوگوں نے بتایا کہ فلاں شخص آپ کی عیب گوئی کر رہا ہے ،تو آپؒ نے بجائے اس پر غصہ کرنے یا انتقام لینے کے بطور تحفہ اس کو تازہ کھجوریں بھیج دیں"۔(۱)

بندۂ عشق از خدا گیرد طریق
می شود بر کافر و مؤمن شفیق (۲)

"جو بندہ عشقِ الٰہی میں سرشار ہوتا ہے وہ الٰہی راستے پر چلتا ہے اور (برداشت اور رَواداری سے کام لیتے ہوئے) مؤمن و کافر سب پر مہربان ہوتا ہے"۔

ماقصۂ سکندر و دارا نہ خواندہ ایم
از ما بجز حکایتِ مہر و وفا مپرس

"ہم نے سکندر و دارا کے قصے نہیں پڑھے، ہم سے محبت اور وفاداری کے سوا اور کوئی بات مت پوچھ"۔

اس سلسلے میں شاہ عبداللطیف بھٹائیؒ فرماتے ہیں:

ھوچو نئي تون م چئو واتان ورائي
ا°ا°رائي جو°ري خطا سو کائي
پاند° پائي ويو°ميني وارو°مين °ي (۳)

" اے دوست ! اگر کوئی تمہیں برا بھلا کہے تو پلٹ کر اسے جواب نہ دو (بلکہ برداشت سے کام لو) ایسی باتوں میں جو پہل کرتا ہے وہی خطاکار ہوتا ہے، حسد اور کینہ

اندر رکھنے والا کچھ حاصل نہیں کرپاتا"۔

شاہ صاحبؒ کا یہ شعر صوفیانہ فلسفے اور رواداری کی کتنی بہترین عکاسی کرتا ہے۔ اسی کو توبرداشت اور رَواداری کہا جاتا ہے کے دوسروں کی چِڑ دلانے والی باتوں کو برداشت کیا جائے اور بجائے انتقام لینے کے عفوو درگزر سے کام لیا جائے۔

اسی تعلیم کے بارے میں اللہ تعالیٰ فرماتا ہے:

"وَالْکَاظِمِیْنَ الْغَیْظَ وَالْعَافِیْنَ عَنِ النَّاسِ وَاللّٰہُ یُحِبُّ الْمُحْسِنِیْنَ"۔(۴)

ترجمہ:"اور (جنت ایسے لوگوں کے لیے تیار ہے) جو غصے کو دباتے ہیں اور لوگوں کو معاف کرتے ہیں (اور لوگوں کے ساتھ احسان کا برتائو کرتے ہیں) اور خدا احسان کرنے والوں کو پسند کرتا ہے"۔

مذہبی رَواداری کا حکم دیتے ہوئے اللہ تعالیٰ نے فرمایا:

"لَکُمْ دِیْنُکُمْ وَلِیَ دِیْنِ"۔(۵)

ترجمہ:"تمہارے لیے تمہارا دین اور میرے لیے میرا دین ہے۔"

کسی کے باطل مذہبی رہنما یا باطل خدا کو بھی برا بھلا کہنے سے روکتے ہوئے اللہ تعالیٰ فرماتے ہیں:

"وَلَا تَسُبُّوا الَّذِیْنَ یَدْعُوْنَ مِنْ دُوْنِ اللّٰہِ فَیَسُبُّوا اللّٰہَ عَدْوًا بِغَیْرِ عِلْمٍ"۔(۶)

ترجمہ:"تم ان کو برا بھلا مت کہو، جن کو لوگ پوجتے ہیں خدا کو چھوڑ کر، ورنہ وہ دشمنی اور نادانی کی بنا پر اللہ تعالیٰ کو برا بھلا کہنا شروع کریں گے۔"

مذہبی مخالفت کی بنا پر کسی سے بے انصافی کرنے سے روکتے ہوئے اللہ تعالیٰ نے فرمایا:

"وَلَا یَجْرِمَنَّکُمْ شَنَاٰنُ قَوْمٍ عَلٰٓی اَنْ لَّا تَعْدِلُوْا اِعْدِلُوْا ھُوَ اَقْرَبُ لِلتَّقْوٰی"۔(۷)

ترجمہ: "کسی قوم کی عداوت تم کو اس بات پر آمادہ نہ کرے کہ تم ان کے ساتھ ناانصافی کرو، تم انصاف کرو، انصاف تقویٰ کے قریب ہے۔"

جو لوگ نبی کریم ﷺ کے خلاف سازشیں کرتے تھے اور جاہلانہ رویے سے پیش آتے تھے، اللہ تعالیٰ نے آپ ﷺ کو ان کے ساتھ نرمی کرنے، درگزر کرنے، رَواداری اور برداشت سے پیش آنے کا حکم دیتے ہوئے فرمایا:

"خُذِ الْعَفْوَ وَأْمُرْ بِالْعُرْفِ وَأَعْرِضْ عَنِ الْجَاهِلِيْنَ"۔(۸)

ترجمہ: "عفو و درگزر سے کام لو، اچھائی کا کہتے رہو اور جاہلوں سے روگردانی کرتے رہو۔"

آپ ﷺ نے برداشت اور رَواداری کا حکم دیتے ہوئے فرمایا:

"لا تکونوا اِمّعۃ تقولون: اِن اَحسن الناسُ اَحسنّا واِن ظلموا ظلمنا ولٰکن وطنوا اَنفسکم، اِن اَحسن الناسُ اَن تحسنوا واِن اَساء وا فلا تظلموا"۔(۹)

"انتقام اور بدلہ لینے والا ذہن مت رکھو کہ یوں کہو کہ: اگر لوگ ہمارے ساتھ اچھائی کریں گے تو ہم بھی ان کے ساتھ اچھائی کریں گے، لیکن اگر وہ ہم پر ظلم کریں گے تو ہم بھی ان پر ظلم کریں گے، بلکہ یہ ذہن بناؤ کہ اگر لوگ تمہارے ساتھ اچھائی کریں تو تم ان کے ساتھ اچھائی کرو، لیکن اگر وہ تمہارے ساتھ برائی کریں تو تم ان کے ساتھ ظلم مت کرو (بلکہ عدل و انصاف سے کام لو)۔

آپ ﷺ اور آپ کے اصحاب کرامؓ پر اہل مکہ کے مظالم اور ستم رسانیاں سب کو معلوم ہیں، لیکن فتح مکہ کے موقع پر ان پر قابو پانے کے بعد آپ ﷺ نے جس بردباری اور رواداری کا ثبوت دیا، انسانی تاریخ میں اس کی مثال نہیں ملتی، چنانچہ آپ ﷺ نے بیت اللہ کے سامنے کھڑے ہو کر عام معافی کا اعلان کرتے ہوئے فرمایا:

"لَا تَثْرِيْبَ عَلَيْكُمُ الْيَوْمَ اِذْهَبُوْا فَاَنْتُمُ الطُّلَقَاءُ"۔(۱۰)

ترجمہ: "تم پر کچھ الزام نہیں، جاؤ! تم سب آزاد ہو۔"

اس سے صاف ظاہر ہے کہ صوفیاؒ کا تحمل اور رواداری کو اپنانا یا اس کی تعلیم دینا سراسر قرآن و سنت سے ماخوذ ہے۔

۵:۔۔۔خدمتِ خلق

اس وقت دنیا میں eGi ﷺ nd t ﷺ ke "لو اور دو" کا اصول عوام الناس کی فطرت کا لازمی حصہ بن چکا ہے۔ کوئی شخص کسی کے ساتھ حسن سلوک کرنے سے پہلے یہ سوچتا ہے کہ اسے بدلے میں کیا ملے گا؟ جب تک یہ امید نہ ہو، اس وقت تک کوئی قدم نیکی کی طرف نہیں اُٹھتا اور نہ کسی اور کی تکلیف کا احساس ہوتا ہے۔

خودغرضی اور نفس پرستی کے اس جذبے کے برعکس صوفیاؒ کرام عوام الناس میں یہ روح پیدا کرنا چاہتے ہیں کہ ذاتی مفاد سے بالاتر ہو کر انسانیت کو فائدہ پہنچایا جائے۔ صوفیاؒ کے ہاں خلقِ خدا کی خدمت سے بڑھ کر کوئی نیکی کا عمل نہیں۔

چنانچہ شیخ سعدیؒ فرماتے ہیں:

دل بدست آور کہ حج اکبر است

"لوگوں کو فائدہ پہنچا کر ان کا دل خوش کرو کہ یہ حجِ اکبر ہے،،۔

طریقت بجز خدمتِ خلق نیست

بتسبیح و سجادہ و دلق نیست(۱۱)

"طریقت خدمتِ خلق کے علاوہ اور کسی چیز کا نام نہیں۔ تسبیح، جائے نماز اور گُدڑی کا نام نہیں"۔

سلطان المشائخ حضرت نظام الدین اولیاءؒ فرماتے ہیں:

"قیامت کے بازار میں کوئی اسباب اس قدر قیمتی نہ ہو گا جس قدر دلوں کو راحت پہنچانا"۔(۱۲)

اور ان حضراتِ صوفیاؒ کے ہاں خلق آزاری سے بڑھ کر کوئی جرم کا عمل نہیں، چنانچہ حافظ شیرازیؒ فرماتے ہیں:

مباش در پئے آزار وہر چہ خواہی کن
کہ در طریقتِ مابیش ازیں گناہے نیست(۱۳)

"خدا کی مخلوق کی اذیت کے در پئے مت ہو، باقی جو چاہو کرو، کیونکہ ہم صوفیاؒ کے طریقے میں خلق آزاری سے بڑھ کر کوئی گناہ نہیں۔"

اصل بات یہ ہے کہ یہ لوگ خلقِ خدا کو خدا کا کنبہ سمجھتے ہیں، اس لیے خلقِ خدا کی خدمت کو خدا کی خدمت اور خلقِ خدا کی اذیت کو خدا کو اذیت پہنچانے کے برابر سمجھتے ہیں۔ مولانا حالیؒ کہتے ہیں:

یہ پہلا سبق تھا کتابِ ہدیٰ کا
کہ ہے ساری مخلوق کنبہ خدا کا(۱۴)

اس سے اندازہ لگایا جا سکتا ہے کہ صوفیاؒ حضرات انسانیت سے کتنی محبت کرتے ہیں اور ان کی راحت رسانی کی کتنی فکر کرتے ہیں، اور ان کے ہاں خلق آزاری کتنا بڑا جرم ہے!۔

اب ہم قرآن وسنت کی روشنی میں خدمتِ خلق کی اہمیت پر روشنی ڈالتے ہیں:

قرآن مجید میں اللہ تعالیٰ مؤمنین کی خصوصی صفات بیان کرتے ہوئے فرماتے ہیں:

"وَیُؤثِرُونَ عَلٰٓی اَنۡفُسِہِمۡ وَلَوۡ کَانَ بِہِمۡ خَصَاصَۃٌ"۔(۱۵)

ترجمہ: "وہ اپنے اوپر دوسروں کو ترجیح دیتے ہیں، اگرچہ وہ خود حاجت مند ہوتے ہیں"۔

دوسری جگہ پر ارشاد باری ہے:

"وَيُطْعِمُوْنَ الطَّعَامَ عَلٰى حُبِّهٖ مِسْكِيْنًا وَّيَتِيْمًا وَّ اَسِيْرًا ، اِنَّمَا نُطْعِمُكُمْ لِوَجْهِ اللّٰهِ لَا نُرِيْدُ مِنْكُمْ جَزَآءً وَّلَا شُكُوْرًا"۔(۱۶)

ترجمہ:"وہ خدا کی محبت کی خاطر مسکین، یتیم اور قیدی کو کھانا کھلاتے ہیں (اور کہتے ہیں) ہم تو تم کو بس اللہ کی رضا کی خاطر کھانا کھلاتے ہیں، اور نہ تم سے اس کا عوض چاہتے ہیں اور نہ شکریہ۔"

مطلب یہ کہ مؤمنین کسی کے ساتھ بھلائی کرتے وقت یہ نہیں دیکھتے کہ اُنہیں بدلے میں کیا ملے گا، وہ تو صرف خدا کی رضا کی خاطر خدا کی مخلوق کی خدمت کرتے ہیں۔

آپ انے خلق خدا کی خدمت پر ابھارنے کے لیے مختلف طریقوں سے ترغیب دی ہے، ایک موقع پر فرمایا:

" الساعی علٰی الأرملة والمساکین کالساعی فی سبیل اللہ، أحسبہ قال: کالقائم لا یفتر وکالصائم لایفطر"۔(۱۷)

"بیوائوں اور مسکینوں کی مدد کرنے والا (خدا کے ہاں) ایسا ہے جیسے مجاھد فی سبیل اللہ، (راوی کہتے ہیں: میرا گمان ہے کہ) آپ انے فرمایا: وہ ساری رات جاگ کر عبادت کرنے والے اور ہمیشہ روزے رکھنے والے کی طرح ہے۔"

ایک اور موقع پر آپ انے فرمایا:

" ترٰی المؤمنین فی تراحمھم وتوادہم وتعاطفھم کمثل الجسد، إذا اشتکٰی عضو تدعٰی لہٗ سائرُ الجسد بالسھر والحمّٰی"۔(۱۸)

"ایک دوسرے کے ساتھ رحم، محبت اور نرمی کرنے کے لحاظ سے تم دیکھو گے کہ مؤمن ایک جسم کی طرح ہیں، جسم کا جب کوئی ایک عضو تکلیف میں مبتلا ہوتا ہے تو سارا

جسم بے خوابی اور بخار میں مبتلا ہو جاتا ہے۔"

ایک اور روایت میں فرمایا:

"والذی نفسی بیدہٖ لایؤمن عبد حتٰی یحب لأخیہ ما یحب لنفسہ"۔(۱۹)

"اس ذات کی قسم! جس کے قبضے میں میری جان ہے، کوئی بندہ اس وقت تک کامل مؤمن ہو ہی نہیں سکتا جب تک وہ اپنے بھائی کے لیے وہ چیز پسند نہ کرے جو اپنے لیے پسند کرتا ہے۔"

ظاہر ہے کہ ہر کوئی اپنے ساتھ اچھائی اور نیکی چاہتا ہے اور اپنے ساتھ کبھی بھی برائی یا بدسلوکی پسند نہیں کرتا، اسی طرح ایک مؤمن بھی سب کی بھلائی چاہتا ہے اور کسی کی برائی نہیں چاہتا۔

مذکورہ بحث سے اندازہ لگایا جا سکتا ہے کہ "تصوف" اور صوفیأ حضرات کی تعلیم در اصل قرآن وسنت کا نچوڑ اور اس کی عملی صورت ہے۔

خلاصہ / نتائج

مذکورہ بالا بحث سے مندرجہ ذیل نتائج اخذ ہوتے ہیں:

۱:۔۔۔"تصوف" عشق اور محبتِ خداوندی کا درس دیتا ہے۔

۲:۔۔۔"تصوف" اطاعتِ رسول (ا) پر ابھارتا ہے اور "تصوف" کی نظر میں اطاعتِ رسول (ا) کے بغیر خدا کی رضا کا حصول ناممکن ہے۔

۳:۔۔۔"تصوف" اپنے آپ کو فضائلِ اخلاق سے مزین کرنے اور رذائلِ اخلاق سے پاک کرنے کا درس دیتا ہے۔

۴:۔۔۔"تصوف" خلقِ خدا کی محبت اور اس کی خدمت کی تلقین کرتا ہے اور مخلوق کی کمی کوتاہیوں سے درگزر کرنے اور ان سے حسنِ خلق رکھنے کا سبق دیتا ہے اور صوفیأ کی

نظر میں خلق آزاری سے بڑا کوئی گناہ نہیں۔

۵:۔۔۔"تصوف" دوست اور دشمن، اپنے اور پرائے کے فرق کے بغیر سب کے ساتھ رَواداری اور برداشت کا درس دیتا ہے۔

۶:۔۔۔"اسلامی تصوف" دراصل قرآن و سنت کا نچوڑ اور اسلامی تعلیمات کی روح اور اس کی عملی صورت کا نام ہے۔

مصادر و مراجع

۱۔۔۔عطار شیخ فرید الدینؒ: تذکرۃ الاولیاء، مشتاق بک کارنر، لاہور، ص:۲۶۔

۲۔۔۔علامہ اقبال بحوالہ "تاریخ تصوف"، ص:۳۲۔

۳۔۔۔شاہ جو رسالو: سریمن کلیان، داستان:۸، ص:۹۸۔

۴۔۔۔آل عمران:۱۲۴۔ ۵۔۔۔الکافرون:۶۔

۶۔۔۔الانعام:۱۰۸۔ ۷۔۔۔المائدہ:۸۔

۸۔۔۔الاعراف:۱۹۹۔ ۹۔۔۔مشکوٰۃ المصابیح، ص:۴۳۵۔

۱۰۔۔۔ندوی سید سلیمانؒ: "سیرت النبی ا" کراچی، دارالاشاعت، ۱۹۸۵ء، ص: ۳۰۰۔

۱۱۔۔۔بحوالہ تاریخِ تصوف، ص:۱۴۴۔ ۱۲۔۔۔ایضاً، ص:۱۴۵۔

۱۳۔۔۔ایضاً، ص:۳۳۔ ۱۴۔۔۔ایضاً، ص:۳۲۔

۱۵۔۔۔الحشر:۹۔ ۱۶۔۔۔الدھر:۸،۹۔

۱۷۔۔۔مشکوٰۃ المصابیح، ص:۴۲۲۔ ۱۸۔۔۔ایضاً، ص:۴۲۲۔

۱۹۔۔۔ صحیح البخاری، ص:۵، حدیث:۱۳۔

***

دلِ مردہ "دل" نہیں، اُسے زندہ کر دوبارہ

مولانا عبد القوی ذکی حسامی

اللہ رب العزت نے انسان کو اپنا خلیفہ بنایا، اس کو اشرف المخلوقات کا تمغہ دیا، انسان کی خلقت و بناوٹ میں اپنی قدرت کے انمول نظارے جلوہ گر کیے۔ یہ انسان دو چیزوں کا مرکب ہے: جسم اور روح۔ جسم اور روح کے درمیان بڑا گہرا رشتہ ہے، دونوں ساتھ رہیں تو زندگی، جدا ہو جائیں تو موت۔ ان دو عنصروں سے انسان کا تعارف ہے۔ دونوں کی نشو و نما مختلف، دونوں کی غذا اور تر و تازگی کی راہیں مختلف، دونوں کے سامانِ تسکین مختلف ہیں۔ جسم کا تعلق ظاہر سے ہے، روح کا باطن سے ہے۔ ایک ظاہر کی زندگی اور موت ہے، ایک باطن کی زندگی اور موت ہے۔ جس طرح دل کی تین رگیں مفلوج ہو جائیں تو ظاہر کی موت کا پتہ چلتا ہے، اسی طرح تین جگہوں پر اپنے دل (روح) کی کیفیت معلوم ہوتی ہے کہ آیا وہ زندہ ہے یا مردہ؟! اور یہی وہ روح ہے جس سے انسان کو خدا شناسی حاصل ہوتی ہے، اسی سے انسان، انسان بنتا ہے۔ حضرت عبد اللہ بن مسعود رضی اللہ عنہ سے دریافت کیا گیا کہ دل اچھا ہے یا مردہ؟ کیسے معلوم کیا جائے؟ آپؓ نے فرمایا: وہ تین باتیں ہیں جن سے دل کی زندگی اور موت کا پتہ چلتا ہے، وہ تین باتیں یہ ہیں:

"اُطلب قلبک فی ثلث مواطن: ۱:- عند سماع القرآن، ۲:- وفی مجلس الذکر، ۳:- وفی وقت الخلوۃ، فإن لم تجدہ فی ھٰذہ المواطن، فاعلم أنہ لا قلب لک، فاسئل اللہ قلبًا آخر۔"

" تین جگھوں پر اپنے کی دل کی جانچ کرو : ۱:- قرآن مجید کی سماعت (سننے) کے وقت، ۲:- ذکر کی مجلس میں، ۳:- خلوت میں (یعنی خوفِ خدا کا احساس)۔ (تمہارا دل ان جگھوں پر مطمئن ہے تو سمجھ لو کہ دل زندہ ہے) اور اگر ان جگھوں پر دل کو نہیں پاتے، (یعنی ان جگھوں پر دل نہیں لگتا) تو جان لو کہ تمہارا دل ہے ہی نہیں، (یعنی مردہ ہو گیا ہے) لہٰذا اللہ سے دوسرے (یعنی زندہ دل) کا سوال کرو۔ "

۱:- قرآن کی سماعت

سب سے پہلی چیز قرآن مجید کی سماعت ہے۔ قرآن مجید دنیا کی وہ واحد کتاب ہے جو آج بھی اپنی اصلی شکل میں محفوظ ہے، اور کیوں نہ ہو، جس کی حفاظت کا ذمہ اللہ نے لے رکھا ہے: " اِنَّا نَحۡنُ نَزَّلۡنَا الذِّکۡرَ وَاِنَّا لَہٗ لَحٰفِظُوۡنَ۔ " (الحجر:۹) اس کی طرف منسوب ہر عمل باعثِ اجر و ثواب ہے، اس کتاب کا پڑھنا، سننا، سمجھنا، غور و فکر کرنا، تعلیم و تعلم کرنا، جہاں اُخروی اعتبار سے فائدہ مند ہے، وہیں دنیوی لحاظ سے باعثِ خیر و برکت اور سامانِ تسکینِ قلب ہے۔ قرآن مجید کتابِ ہدایت ہے، اس کتاب سے ہدایت اُسے ہی نصیب ہوتی ہے جو اس کا قدر دان اور طالبِ ہُدیٰ ہو، جو اس کی تعلیمات پر عمل پیرا ہو گا، اس کے لیے حجت بنے گا، اور اگر کوئی اس سے روگردانی کرے، یعنی اس کی تعلیمات پر عمل آوری نہ کرے، اُن کے خلاف بروزِ قیامت گواہی دے گا۔ مولانا علی میاں ندویؒ فرماتے ہیں کہ: تین باتیں ایسی ہیں وہ اگر مسلمانوں میں بھی پائی جائیں تو کلام اللہ سے استفادہ ممکن نہیں، وہ تین باتیں یہ ہیں: ۱:- تکبر، ۲:- قرآن مجید میں بغیر علم کے مجادلہ کرنا، ۳:- انکارِ آخرت اور دنیا پرستی۔ (مطالعۂ قرآن کے اصول و مبادی)

جس کا دل قرآن کریم کی تلاوت کرنے اور سننے میں لگتا ہو اور قرآن کریم کے وعدے، نصیحتیں اور وعیدات و زجر و تنبیہات اس پر اثر انداز ہوتی ہوں تو وہ جان لے کہ

اس آدمی کا دل زندہ ہے، ورنہ اس کا دل مردہ ہے۔

۲:-ذکر کی مجلس

جس کا دل ذکر کی مجلس میں بیٹھنے پر آمادہ ہو تو جان لے کہ اس آدمی کا دل زندہ ہے، ورنہ وہ دل مردہ ہے۔ یاد رکھو! ایک حدیث میں ذکر کرنے والوں کو زندہ اور نہ کرنے والوں کو مردہ بتایا گیا ہے، یعنی ان کا دل ذکر نہ کرنے کی وجہ سے مردہ ہو گیا، ان کی روحانیت زندہ نہ رہی:

"عن أبي موسیٰ الأشعريؓ قال: قال رسول اللّٰہ صلی اللّٰہ علیہ وسلم: مثل الذي یذکر ربہٗ والذي لایذکر مثل الحي والمیت۔" (بخاری ومسلم، بحوالہ مشکوٰۃ)

روح کی تازگی اور اس کی بقائے حیات کے لیے ذکر غذا کے مانند ہے، ورنہ ایسے قلب کا شمار مردوں میں ہوتا ہے، قرآن مجید میں سکونِ قلب کا سامان ذکر کو بتایا گیا ہے:
"أَلَا بِذِكْرِ اللّٰهِ تَطْمَئِنُّ الْقُلُوْبُ۔" (الرعد:۲۸)

صاحبِ تفسیرِ مظہری قاضی ثناء اللہ پانی پتی رحمۃ اللہ علیہ نے فرمایا: "ذکر سے مراد قرآن اور سکون سے مراد ایمان ہے۔" (تفسیر مظہری) کیونکہ ایمان دلوں کا ذریعۂ سکون اور نفاق دلوں کی بے چینی کا سبب ہے۔ اللہ کی یاد سے شیطانی وساوس دور ہوتے ہیں جو، انسان کے لیے پریشانی کا باعث ہیں۔ ایک جگہ اللہ رب العزت نے ذکر کرنے والوں کو یہ خوشخبری دی ہے کہ جو مجھے یاد کرتا ہے اُسے میں یاد کرتا ہوں: "فَاذْكُرُوْنِيْٓ أَذْكُرْكُمْ۔" (البقرۃ:۱۵۲)

بندہ اگر چاہے کہ اس کا تذکرہ اللہ کے یہاں ہو تو اس کو چاہیے کہ وہ اللہ کے احکامات کو بجالائے کہ اس وقت میرا اللہ مجھ سے کیا چاہ رہا ہے۔ بزرگانِ دین نے اللہ کو یاد رکھنے کی آسان صورت یہ بتائی کہ آدمی جب سیڑھیوں یا کسی اور چیز پر چڑھے تو اللہ اکبر

، نیچے اُترے تو سبحان اللہ اور جب برابر چلے تو لا اِلٰہ اِلا اللہ کہنے کا اہتمام کرے۔

رسول اللہ صلی اللہ علیہ وسلم کا ارشادِ گرامی ہے:

"ہر آدمی کے دل میں دو کوٹھڑیاں ہیں: ایک میں فرشتہ اور دوسرے میں شیطان رہتا ہے، جب آدمی ذکر کرتا ہے تو شیطان ہٹ جاتا ہے، اور اگر غافل ہو تو وساوس ڈالتا ہے۔" (بحوالہ تفسیر مظہری)

۳:-خلوت میں خدا کا خوف

تیسری علامت دل کے زندہ اور مردہ ہونے کی جو بیان کی گئی ہے، وہ خلوت میں خدا کا خوف ہے۔ ایک طویل حدیث میں اللہ کے رسول صلی اللہ علیہ وسلم نے ارشاد فرمایا: سات آدمی ایسے ہیں جن کو اللہ تعالیٰ قیامت میں اپنے عرش کے سائے میں جگہ دے گا، جس دن اللہ تعالیٰ کے عرش کے سائے کے علاوہ کوئی سایہ نہ ہو گا، اس میں سے ایک وہ آدمی بھی ہے جو تنہائی میں اللہ کے خوف سے روتا ہو:

"سَبعَۃٌ یُظِلُّھُمُ اللّٰہُ فِیْ ظِلِّہٖ ، یَوْمَ لَاظِلَّ اِلَّاظِلُّہٗ ------ وَرَجُلٌ ذَکَرَ اللّٰہَ خَالِیًا فَفَاضَتْ عَیْنَاہُ۔" (صحیح البخاری، رقم الحدیث: ٦٦٠)

آدمی کا تقویٰ تنہائی میں معلوم ہوتا ہے، جہاں اس کو کوئی نہ دیکھتا ہو اور نہ وہ کسی کو دیکھتا ہو، ایسی جگہ پر اللہ سے ڈرے۔ نبی اکرم صلی اللہ علیہ وسلم نے ارشاد فرمایا: "اتَّقِ اللّٰہَ حَیْثُمَا کُنْتَ۔" (سنن الترمذی، رقم الحدیث: ١٩٨٧) ------ "تم جہاں کہیں بھی رہو اللہ سے ڈرو۔" جلوت میں ہو یا خلوت میں، عبادات ہوں یا معاملات، غرض ہر موقع و محل میں اللہ سے ڈرے، کہیں ہم سے اس کی خطا نہ ہو جائے اور وہ ہم سے ناراض ہو جائے۔ قرآن مجید میں ایک مقام پر ارشاد باری ہے:

"اِلَّاھُوَ مَعَھُمْ اَیْنَ مَاکَانُوْا ثُمَّ یُنَبِّئُھُمْ بِمَا عَمِلُوْا یَوْمَ الْقِیَامَۃِ۔" (سورۃ المجادلہ: ۷)

"تم جہاں کہیں بھی ہو اللہ تمہارے ساتھ ہے، اور کل قیامت کو بتلائے گا تمہارے کیے اعمال کو۔"

ایک اور جگہ اللہ تعالیٰ کے ارشادِ گرامی کا مفہوم یہ ہے کہ:

"اللہ تعالیٰ تقویٰ اختیار کرنے والوں کو پانچ قسم کے انعامات سے نوازے گا:

۱:- پہلا انعام دنیا و آخرت کے مصائب و مشکلات سے نجات کا راستہ ہموار کرے گا۔

۲:- دوسرا انعام یہ ہے کہ اس کو روزی ایسی جگہ سے دے گا جہاں سے اس کو گمان بھی نہ ہو گا۔

۳:- تیسر انعام یہ ہے کہ اللہ اس کے کام کو آسان فرمائے گا۔

۴:- چوتھا انعام یہ ہے کہ اس کی سیئات کو مٹادے گا۔

۵:- پانچواں انعام یہ ہے کہ اس کے اَجر کو بڑھادے گا۔" (سورۃ الطلاق)

حقیقت یہ ہے کہ تنہائی کا گناہ آدمی کو خدا سے اس قدر دور کر دیتا ہے جس قدر تنہائی کی نیکی قریب کر دیتی ہے۔ اللہ کے یہاں ساری نوعِ انسانیت برابر ہے، کسی کی برتری اور کمتری نہیں ہے: "مَا خَلْقُكُمْ وَلَا بَعْثُكُمْ إِلَّا كَنَفْسٍ وَّاحِدَةٍ" اگر کوئی اللہ کے یہاں اپنا مقام بنانا چاہے تو تقویٰ اختیار کرے۔ اللہ تعالیٰ ارشاد فرماتا ہے: "إِنَّ أَكْرَمَكُمْ عِندَ اللَّهِ أَتْقَاكُمْ۔"

کسی عربی شاعر نے کیا خوب کہا ہے:

وإذا خلوت بريبة في ظلمة
والنفس داعية إلى الطغيان
فاستحي من نظر الإله وقل لها
إن الذي خلق الظلام يراني

"جب تو کسی اندھیرے میں برائی کے لیے قدم اُٹھائے، تیرے دل میں اس برائی کا داعیہ ہو تو اس وقت تو اللہ کی نظر سے حیا کر اور نفس سے کہہ کہ جس نے اندھیرا پیدا کیا، وہ مجھے دیکھ رہا ہے۔"

***

مجاہدہ۔۔۔ تزکیۂ نفس کا ذریعہ

مولانا محمد راشد شفیع

قرآن کریم میں اللہ تبارک وتعالیٰ کا ارشاد ہے:

" اور جو لوگ ہماری راہ میں مشقتیں برداشت کرتے ہیں ہم ان کو اپنے (قرب وثواب یعنی جنت کے) راستے ضرور دکھاویں گے اور بے شک اللہ تعالیٰ (کی رضا اور رحمت) ایسے خلوص والوں کے ساتھ ہے۔" (العنکبوت:۶۹)

جہاد کے اصلی معنی ہیں:

" دین میں پیش آنے والی رکاوٹوں کو دور کرنے میں اپنی پوری توانائی صرف کرنا۔"

اس میں وہ رکاوٹیں بھی داخل ہیں جو کفار وفجار کی طرف سے پیش آتی ہیں، کفار سے جنگ ومقاتلہ اس کا اعلیٰ فرد ہے۔ اور وہ رکاوٹیں بھی داخل ہیں جو اپنے نفس اور شیطان کی طرف سے پیش آتی ہیں۔

جہاد کی ان دونوں قسموں پر اس آیت میں یہ وعدہ ہے کہ ہم جہاد کرنے والوں کو اپنے راستوں کی ہدایت کر دیتے ہیں، یعنی جن مواقع میں خیر وشر یا حق وباطل یا نفع وضرر میں التباس ہوتا ہے، عقلمند انسان سوچتا ہے کہ کس راہ کو اختیار کروں؟ ایسے مواقع میں اللہ تعالیٰ اپنی راہ میں جہاد کرنے والوں کو صحیح، سیدھی، بے خطر راہ بتا دیتے ہیں، یعنی ان کے قلوب کو اسی طرف پھیر دیتے ہیں جس میں ان کے لیے خیر وبرکت ہو۔ (معارف

القرآن، ج:۶، ص:۷۱۶)

اس سے یہ بات واضح ہوگئی کہ مجاہدۂ نفس کے بغیر سالک کوئی مرتبہ حاصل نہیں کر سکتا، لہٰذا نفس کی مخالفت عبادت کی تمام قسموں کی بنیاد اور مجاہدے کے تمام درجوں کا کمال ہے۔ بندہ اس مقام تک رسائی کے بغیر راہِ حق کو نہیں پاسکتا، اس لیے اللہ تعالیٰ نے نفس کی مخالفت کا حکم دیا ہے۔

ایک بزرگ نے اس کی مثال اس طرح دی کہ ایک کاغذ کو موڑ دیا جائے، اب اگر اس کاغذ کو سیدھی جانب موڑتے رہیں گے تو کبھی وہ سیدھا نہیں ہوگا اور اگر اس کو مخالف سمت میں موڑیں گے تو وہ سیدھا ہو جائے گا۔ اسی طرح نفس کا کاغذ بھی گناہوں کی طرف مڑا ہوا ہے، اس کو مخالف سمت موڑیں گے تو یہ نفس سیدھا ہو جائے گا، یہی مجاہدہ ہے۔

"غنیۃ الطالبین" میں حضرت شیخ ابو علی دقاق رحمۃ اللہ علیہ کا ایک قول روایت کیا گیا ہے، وہ فرماتے ہیں کہ:

"جس شخص نے اپنے ظاہر کو مجاہدہ کے ذریعے آراستہ کیا، اللہ تعالیٰ اس کے صلہ میں اس کے باطن کو مشاہدہ کے ساتھ آراستہ فرمادے گا۔"

ایک غزوہ سے واپسی پر حضور نبی اکرم صلی اللہ علیہ وسلم نے صحابہ کرام رضی اللہ عنہم سے فرمایا:

"اب ہم جہادِ اصغر سے جہادِ اکبر کی طرف لوٹ رہے ہیں۔" انہوں نے عرض کیا: یارسول اللہ صلی اللہ علیہ وسلم! جہادِ اکبر کیا ہے؟ فرمایا: "وہ نفس سے مجاہدہ ہے۔" (أخرجه البيهقي في الزهد)

حضرت فضالہ بن عبید رضی اللہ عنہ بیان کرتے ہیں:

"میں نے رسول اللہ صلی اللہ علیہ وسلم کو یہ فرماتے ہوئے سنا: "(بڑا) مجاہد وہ ہے جو

اپنے نفس کے خلاف جہاد کرتا ہے۔" (أخرجه أحمد بن حنبل في المسند:٦ / ٢٠)

سیدنا علی بن ابی طالب رضی اللہ عنہ فرماتے ہیں:

"(اگلے زمانوں میں) سب سے پہلے تم جس چیز کا اِنکار کروگے وہ جہاد بالنفس ہوگا۔" (ابن رجب الحنبلي في جامع العلوم والحکم:١٩٦)

امام سفیان ثوریؒ کہتے ہیں:

"بے شک تمہارا دشمن وہی نفس ہے جو تمہارے پہلوؤں کے درمیان ہے۔ تم اپنے دشمن کے ساتھ جنگ سے بھی بڑھ کر اپنی نفسانی خواہشات کے ساتھ جنگ کرو۔" (ابن بطال في شرح صحیح البخاري، کتاب الرقاق، باب من جاهد نفسه في طاعة الله)

ان تمام احادیث سے معلوم ہوا کہ نفس کی پیروی کرنا بہت بڑی حماقت ہے اور دنیا و آخرت میں ذلت ورسوائی کا باعث ہے۔ انسان کو چاہیے کہ اپنا کا محاسبہ کرے اور دیکھے کہ اس نے اپنی کل کی دائمی زندگی کے لیے آگے کیا بھیجا ہے؟

***

اصلاح اور انقلاب کیسے ؟!

شیخ عتیق انور

جس میں خلوصِ فکر نہ ہو وہ سخن فضول
جس میں نہ دل شریک ہو اُس لَے میں کچھ نہیں

آج کے سیاسی حالات، بدعنوانی، رشوت ستانی، اقرباپروری، بے روزگاری، دہشت گردی، غرض حالات وحوادث نے آج ملکِ پاکستان کو واقعی پھر ایک خانہ جنگی، انتشار، عوام کی بدحالی، غرض ہر ہر قسم کی معاشی ابتری کی طرف دھکیل دیا ہے، مگر میرے نزدیک یا کسی تاریخ کے طالبِ علم کے نزدیک یہ کوئی نئی صورت حال نہیں۔ افسوس یہ ہے کہ ہم نے تاریخ اور حوادث سے سبق نہیں سیکھا۔

اللہ رب العزت نے جب بنی اسرائیل کی اصلاح کا ارادہ کیا اور حضرت موسیٰ علیہ السلام کو عوام اور خواص میں دنیا اور آخرت کی بھلائی کے لیے بھیجا، جو (ہر فرد کے لیے ایک درس ہے) کہ جب اللہ رب العزت کی طرف سے حضرت موسیٰ علیہ السلام کو حکمِ خداوندی ہوا کہ فرعون کو جا کر تبلیغ کرو، فرمایا:

اے موسیٰ! دیکھو! نرمی سے بات کرنا اور اے موسیٰ! حکمت سے بات کرنا اور شاید تمھاری بات سمجھ جائے۔ اس حکم میں پانچ نکات ملے:

ا:- اوّل یہ کہ بحیثیت نبی حضرت موسیٰ علیہ السلام کے ذمہ تھا کہ عام اور خاص ہر

ایک تک تعلیم اور حکمِ الٰہی پہنچانا اور یقیناً اللہ کا نبی غافل نہیں ہوتا، مگر ایک دوسرے کو تعلیم کرنا، اور ایک دوسرے کو اخلاقِ جمیلہ کی تعلیم دینا بھی ضروری ہے۔

۲:- دوسرا یہ کہ نرمی سے بات کرنا۔

۳:- تیسرا یہ کہ حکمت سے بات کرنا۔

۴:- چوتھا یہ کہ اللہ رب العزت کو معلوم تھا کہ فرعون ایمان نہیں لائے گا، مگر اللہ رب العزت نے داعی (حضرت موسیٰ علیہ السلام) کو ہمت بندھائی کہ داعی کا یقین کامل ہونا چاہیے، پھر یہ کہ داعی کے ذمہ یہ نہیں کہ جس کو دعوت دی گئی وہ ایمان لایا یا نہیں؟ بس اس نے بات پہنچا دی تو حق ادا کر دیا۔

۵:- پانچواں اور میرے نزدیک سب سے اہم نکتہ حضرت موسیٰ علیہ السلام کا جواب ہے کہ حضرت موسیٰ علیہ السلام نے یہ نہیں کہا کہ یا اللہ! میں تو اتنے سال سے لگا ہوا ہوں اور وہ (فرعون) مجھ پر ظلم کرتا ہے، بلکہ موسیٰ علیہ السلام نے کہا:

"پروردگار! میری خاطر میرا سینہ کھول دیجئے، اور میرے لیے میرا کام آسان بنا دیجئے اور میری زبان میں جو گرہ ہے، اُسے دور کر دیجئے، تاکہ لوگ میری بات سمجھ سکیں۔ اور میرے لیے میرے خاندان ہی کے ایک فرد کو مددگار مقرر کر دیجئے، یعنی ہارونؑ کو جو میرے بھائی ہیں، ان کے ذریعے میری طاقت مضبوط کر دیجئے۔" (سورۂ طٰہٰ، آیت: ۲۵ تا ۳۱)

یعنی اپنی کمی اور اپنی کمزوری کا ذکر فرمایا اور دعا فرمائی۔ آج ہم سب کا المیہ یہ ہے کہ ہمیں صرف دوسروں کی اصلاح کی فکر ہوتی ہے۔ منفی طریقہ سے کبھی مثبت تبدیلی نہیں آیا کرتی اور وہی ہو رہا ہے۔ کیا ہم نے اپنی انفرادی زندگی پر غور کیا؟ چلیے! آج سے ہم اپنے آپ کو روزانہ پانچ منٹ اپنی اصلاح اور ترقی کی طرف متوجہ کریں اور پھر سنت کی

طرف توجہ کریں، جس کی وجہ سے اللہ رب العزت ہمیں دنیا اور آخرت میں کامیاب فرمائے۔ بڑے خوش قسمت ہیں وہ لوگ جو شام کو بیٹھ کر یہ جائزہ لیں کہ ہم نے آج کیا غلطی کی؟

اس وقت بھی اسلام اور پاکستان تاریخ کے بدترین دور سے گزر رہا ہے۔ ہمیں گزشتہ ایک صدی کے حادثات و واقعات سے سبق لینا ہوگا اور خود کو تحمل، رواداری اور برداشت کا سبق حاصل کرتے ہوئے تمام تر نقائص کے باوجود اس نظام کو اور اس سے منسلک افراد کو برداشت کرتے ہوئے نئی نسل کو تعلیم اور اعلیٰ اخلاق سے آراستہ کرنا ہوگا۔ اس سے نہ صرف درجہ بدرجہ ایک اعلیٰ معاشرہ، بلکہ اگر ہم نے تمام تعلقات اور ذاتی مفادات کو بالائے طاق رکھ کر اپنی اپنی حد میں رہتے ہوئے مثبت طریقہ سے اپنا کردار ادا کیا تو ان شاء اللہ! ہم پھر ایک عظیم قوم کی شناخت بن کر سامنے آسکیں گے۔ نبی کریم صلی اللہ علیہ وسلم نے پیشن گوئی فرمائی کہ ایک زمانہ ایسا آئے گا جس میں چار چیزیں ہونے والی ہیں:

۱:- انسان کے اندر مال کی محبت اس قدر ہو جائے گی کہ وہ دنیا کے پیچھے بھاگے گا اور مال کی محبت اس قدر ہو جائے گی کہ وہ اس کی اطاعت کرے گا، یعنی مال کی محبت اُسے جو کرنے کو کہے گی، وہی کرے گا۔

۲:- جو دل میں آ رہا ہے حرام ہو یا حلال ہو، جائز ہو یا ناجائز ہو، آدمی اسی کے پیچھے چلے گا، وہ کہے گا کہ میں تو یہی کروں گا، کیونکہ مجھے تو اس میں مزا آ رہا ہے۔

۳:- جب دنیا کو آخرت پر ترجیح دی جا رہی ہو، یعنی آدمی کے سامنے دو راستے آ جائیں کہ اس سے دنیا اچھی ہو جائے گی اور آخرت خراب ہو جائے گی تو انسان دنیا کو آخرت پر ترجیح دے گا، یہ سوچے گا کہ آخرت آئے گی تو دیکھی جائے گی، دنیا تو میرے

سامنے ہے۔

۴:--یعنی جو اس کی سمجھ میں آگیا، وہی ٹھیک ہے، وہ سمجھے گا کہ جو میں سمجھتا ہوں، وہ اور کوئی نہیں سمجھتا، میں ہی عقل کل ہوں۔

نبی کریم صلی اللہ علیہ وسلم نے فرمایا: جب یہ چیزیں ہونے لگیں تو پھر تم لوگوں کے بارے میں سوچنا چھوڑ دو کہ وہ کہاں جا رہے ہیں؟ اور عام لوگ کس طرف جا رہے ہیں؟ اس کی گفتگو کرنے کی بھی ضرورت نہیں، بلکہ اپنی فکر کرو، جیسا کہ قرآن کریم میں اللہ رب العزت کا ارشاد ہے:

"اے ایمان والو! تم اپنی فکر کرو، اگر تم صحیح راستے پر ہو گے تو جو لوگ گمراہ ہیں وہ تمہیں کوئی نقصان نہیں پہنچا سکتے۔ اللہ رب العزت کی طرف تم سب کو لوٹ کر جانا ہے، اُس وقت وہ (اللہ) تمہیں بتائے گا کہ تم کیا عمل کرتے رہے ہو؟" (المائدہ، آیت: ۱۰۵)

پھر نبی کریم صلی اللہ علیہ وسلم نے اس آیت کی تشریح میں ارشاد فرمایا کہ: اپنی فکر کرو۔ یہ عجیب نسخہ ہے، زوال کے حالات میں، انحطاط کے حالات میں، انقلاب لانے کا یہ بڑا ہی آسان اور مؤثر طریقہ ہے، ہر آدمی اپنی اصلاح کرے، اگر ایک آدمی نے اصلاح کر لی تو ایک چراغ جل گیا تو پھر ان شاء اللہ! چراغ سے چراغ جلے گا، کیونکہ اللہ تعالیٰ کی یہی سنت ہے۔ اگر ہم صرف یہ باتیں کرتے رہیں کہ لوگ یہ کر رہے ہیں، لوگ یہ کر رہے ہیں، لوگوں میں یہ کمزوری ہے، یہ کمزوری ہے، تو پھر دنیا میں کبھی بھی بہتری اور اچھائی نہیں آسکتی۔ ایک حدیث میں ہے کہ: "جو شخص یہ کہے کہ ساری دنیا تباہ و برباد ہو گئی، (یعنی اس کے حالات خراب ہو گئے، فساد آگیا) جو شخص یہ کہہ رہا ہے، تباہ وہ شخص ہے۔"

کیوں بھئی! کیا تم سے دوسروں کے اعمال کے بارے میں حساب ہو گا؟ بلکہ تم سے

اپنے اعمال کے بارے میں حساب ہوگا، تم سے تو صرف یہ پوچھا جائے گا کہ تم نے کیا کیا؟ اگر ہم صحابہ کرامؓ کی زندگیوں پر نظر ڈالیں تو پتہ چلتا ہے کہ ان میں سے ہر شخص صرف اپنی فکر میں تھا کہ میرا کیا انجام ہونے والا ہے؟ آپ اور ہم سب عمل کر کے دیکھیں، ان شاءاللہ! پھر وہی ہوگا جو فتح مکہ مکرمہ کے موقع پر ہوا کہ بڑے بڑے کفار کے سردار ایمان لے آئے اور ایک پرامن انقلاب آگیا۔ پہلے مکہ مکرمہ اور پھر چلتے چلتے بیت المقدس فتح ہوا۔ اللہ رب العزت ہم سب کو اس پر عمل کرنے کی توفیق عطا فرمائے۔ آمین

✳ ✳ ✳